중국 조선족 삼중언어자의
어휘 표상과 처리

중국 조선족 삼중언어자의 어휘 표상과 처리

초판 1쇄 발행 2020년 6월 30일

저자 김철수
감수 이동훈

펴낸이 차정인
펴낸곳 부산대학교출판문화원
출판등록 제1983-000001호 1983. 11. 10.
주소 부산광역시 금정구 부산대학로63번길 2
전화 (051) 510-1932, 1933, 1935, 1967
전송 (051) 512-7812
메일 pnupress@pusan.ac.kr
홈페이지 https://press.pusan.ac.kr/

* 잘못된 책은 구입처에서 교환해 드립니다.

정가 15,000원

ISBN 978-89-7316-669-5 3700

이 도서의 국립중앙도서관 출판예정도서목록(CIP)은
서지정보유통지원시스템 홈페이지(http://seoji.nl.go.kr)와
국가자료공동목록시스템(http://www.nl.go.kr/kolisnet)에서 이용하실 수 있습니다.
(CIP제어번호: CIP2020024817)

이 책은 부산대학교 국립대학육성사업(2019-2020)의 지원을 받아 출판되었음.

중국 조선족 삼중언어자의 어휘 표상과 처리

저자 **김철수**
감수 **이동훈**

부산대학교출판문화원

서문: 언어, 사고, 과학

코로나19로 미래의 전망이 불투명한 요즘에 동아시아뿐 아니라 세계 곳곳에 가짜뉴스와 막말이 창궐하고 있다. 첨단 과학 기술의 21세기에 황당하기 그지없는 가짜뉴스와 막말이 득세하는 현실이 믿기지 않을 정도이다. 인류의 언어와 사고 능력이 아직 그 정도 수준밖에 발전되지 않았는가 개탄하게 된다.

동물 행동 연구로 1973년 노벨상을 받은 콘라트 로렌츠 (Konrad Lorenz)는 현대인은 너무 많은 것을 알고 있지만 생각할 줄은 너무 모른다고 비판하였다. 자연에 대한 인간의 지식은 날로 증가하고 있는 것이 사실이지만 인간 자신에 대해서는 예나 지금이나 잘 모르는 것 같다. 개인의 수준에서 그리고 사회적 수준에서 수없이 많은 불합리한 결정을 하고 비정상적 행동을 반복한다. 홍수와 같이 쏟아지는 발표나 주장 중 대부분은 근거가 없거나 가짜인데 우리는 그런 것들에 너무 쉽게 속아 넘어간다. 다행히도 가짜와 진짜를 구별하고 오해를 넘어 이해에 도달하기 위해 필요한 것은 많지 않다. 비판적 사고와 그것을 위한 정밀한 언어가 필요할 뿐이다. 제대로 사고하기 위해 제대로 된 언어 능력이 필요한 것이다.

인간의 언어 능력을 이해하고 발전시키기 위한 과학적 노력은 그 역사가 길지 않다. 1879년에 최초로 심리학실험실을 개설한 빌헬름 분트 (Wilhelm Wundt)는 언어를 심리과학의 핵심적 주제로 간주하였다. 과학적 방법을 사용하여 인간의 언어 습득과 언어 사용을 연구하는 심리언어학 (psycholinguistic, 또는 언어심리학)은 이제 심리과학 (psychological science)의 주요한 분야이며 언어학, 철학, 신경과학, 인공지능 등이 서로 만나는 학제적 영역이 되었다. 심리언어학은 20세기 후반에 영어권에서 맹렬한 발전을 이루었으며, 다른 언어에 대한 관심도 점점 증가하고 있다. 한국어(또는 조선어, 또는 문화어, 또는 Korean Language. 이하 동문)를 대상으로 하는 심리언어학은 할 일이 매우 많다. 한국어의 습득 (아동과 성인의 언어 습득을 포함하며 모국어와 외국어로서의 습득을 포함한다), 한국어의 어휘, 문법, 의미 체계 등에 대한 과학적 분석이 필요하며, 이를 위해 행동 실험 및 측정 등 실험심리학적 방법, 안구 운동 추적, 뇌파 기록, 뇌영상화 등 신경과학적 방법, 계산 모형 개발 및 시뮬레이션 등 다양한 방법이 적용되어야 한다. 연구자 개인의 사적인 경험과 통찰에 의지하는 기존의 언어학적 방법과 결별해야 하며, 과학과 무관한 국수주의적 소신과 감상적 태도는 지양되어야 한다.

언어는 세상을 이해하고 표현하는 방식에서 서로 다르고, 다른 언어를 사용하면 다른 사고를 하게 된다. 이것은 최근의 많은 연구가 밝혀주고 있는 바이다. 미숙한 언어는 미숙한 사고를 결과하고 부정확한 언어는 부정확한 사고를 결과한다. 가짜 뉴스와 반과학, 반지성의 현대 사회에서 생존하기 위해 가장 필수적인 능력은 논리적 사고 능력, 비판적 사고 능력이고 이를 위해 우리는 더 높은 수준의 언어 능력을 목표로 해야 한다. 더 많은 어휘, 더 정확한 어휘, 그리고 명석한 언어 사용이 우리의 희망이다.

본서는 연변 조선족 대학생의 언어 이해에 대한 실험심리학적 연구 보고이다. 연변은 중국의 조선족 자치주이며 조선어와 조선 문화가 기저에 있는 사회이다. 중국 속에 있기 때문에 중국어와 중국 문화의 압도적 영향을 받지 않을 수 없다. 중국의 개혁개방 이후로는 한국어와 한국 문화의 영향도 강하게 받고 있으며 명실상부한 다언어-다문화 사회로 되었다. 연변의 학생들은 조선어, 중국어, 영어 (학교교육)의 적어도 3개 언어의 다언어-다문자 환경 속에서 공부한다. 또한 고유의 조선 문화 이외에 중국 문화, 그리고 북한과 남한으로부터의 문화적 영향을 포함하는 다문화 환경 속에서 성장한다. 이런 다문화-다언어 환경 속에서 개별 언어와 문화는 서로 많은 영향을 주고받는다. 단일어-단일문화에서는 기대하기 어려운 새로운 경험을 하게 되며 이를 통하여 언어와 사고는 새로운 차원의 변화를 겪는다.

저자는 연변의 대학생들을 대상으로 하여 3중언어가 상호작용하는 속에서 개별 언어들이 어떻게 영향을 받는지 실험을 통하여 분석하고 있다. 다언어-다문화 환경 속에서 언어 이해의 여러 면면을 보여주며, 언어 이해의 보편성과 개별성에 대해 새로운 단서들을 제공하고 있다. 또한 연변 조선어의 현재와 미래에 대해 많은 것을 시사해주는 연구이며, 따라서 한국어의 현실과 미래에 대해 관심이 있는 사람들에게도 많은 참고가 될 것으로 생각한다. 김 교수의 연구는 다중언어 환경 속의 언어 사용에 대한 선구적 연구로서 매우 큰 의의를 가진다. 국내외에서 그동안 갈고닦은 과학적 소양을 바탕으로 한 앞으로의 연구 활동이 크게 기대된다. 연변이라는 지정학적 배경을 바탕으로 한국, 중국, 나아가 북한에서의 개인의 언어와 사고에 대해 다른 사람들이 시도하기 어려운 많은 연구를 해낼 것으로 기대된다. 하나의 언어가 서로 다른 환경에서 어떤 변화를 겪는지, 언어의 변화에 따라 사고는 어떤 영향을 받는지, 그리고 서로 다른 생각들을 조정하고 통합하기 위해 어떤 작업이 필요한지, 학술적으로 의의가 있고 실제로 중요한 이런 문제들에 대해 김 교수의 연구가 앞으로 어떤 대답을 내놓을지 자못 기대가 크다.

2020. 6. 6.

이 광 오

태동심리언어연구소장
행동과학 박사
(전) 영남대학교 심리학과 교수

목차

제1장 서론

국제화, 세계화로 불리는 현시대에 많은 사람들이 여러 개의 언어를 배우며, 전 세계적으로 두 가지 언어를 사용하는 이중언어자(bilinguals)가 단일언어자(monolinguals)보다 많다(Tucker, 1998). 언어의 학습은 환경적 특성, 언어의 특성, 개인의 특성, 학습자의 연령 등 여러 가지 요소의 영향을 받는다(Harris & Hatano, 1999). 국내외의 많은 연구자들은 모어(native language)[1]와 외어(foreign language)의 언어학습에 관여하는 정신과정과 그에 영향을 주는 변인들을 밝히고 적절한 교육방법을 제시하고자 노력하였다.

어휘의 표상과 처리는 다중언어 연구의 가장 핵심적인 문제라고 할 수 있지만 그럼에도 불구하고 아직까지 합의된 견해는 없다. 다중언어자(multilinguals)의 어휘 표상과 처리는 단일언어자의 그것과 동일할까? 최근에 삼중언어자(trilinguals)에 대한 관심이 증가하고 있는데, 이들의 어휘 표상과 처리는 단일언어자나 이중언어자와 본질적인 차이가 있을까? 삼중언어 사용을 이중언어 사용과 다른 하나의

1) 다문화-다언어 사회에서는 국가와 언어는 일치하지 않는다. 따라서 최근에는 '모국어' 대신 '모어'를 사용하는 경향이 많다. 이에 대한 논의는 요시모토 하지메(2008)를 참고할 것. 본고에서는 이광오(준비 중)의 제안을 따라서 native language는 모어로, foreign language는 외어로 사용한다.

연구영역으로 보는 것이 필요할까? 이런 물음에 대한 대답은 서로 다른 견해를 보여주고 있다. 한 가지 견해는, 삼중언어자는 이중언어자보다, 이중언어자는 단일언어자보다 한 가지 언어를 더 알고 있을 뿐이지, 서로 간에는 차이가 없다는 것이다(Haugen, 1956; Sharwood, 1994). 두 번째 견해는, 단일언어자와 이중언어자 간의 차이와 더불어 삼중언어 사용에 대한 별도의 연구를 강조하며 삼중언어자의 특성을 밝혀야 한다고 주장한다(Herdina & Jessner, 2000; Jessner, 1999). 일부 연구자들은 제3언어 습득(trilingual language acquisition)을 제2언어 습득(second language acquisition)으로부터 분리시켜 별도로 연구를 진행하고 있으며, 개인이 사용하는 언어의 수에 의해 언어 연구를 단일언어자, 이중언어자, 삼중언어-다중언어자 세 영역으로 나누어 진행할 것을 제안한다(Cenoz, 2001; Cenoz, Hufeisen, & Jessner, 2000; Aronin & Laoire, 2004).

기존의 연구들을 살펴보면 대부분은 이중언어자에 관한 것이며, 삼중언어자에 관한 연구는 매우 적다. 연구자들은 이중언어에 대해서 아래의 요인들에 주의한다. 첫째, 언어의 학습경력으로서 언어습득 시간, 경로, 언어 사용시간 등이다. 둘째, 언어가 습득과정에 있는지 아니면 이미 상대적으로 안정적인 수준에 이르렀는지이다. 셋째, 언어의 유형, 양, 숙련정도 등이다. 넷째, 언어의 네 가지 기능(읽기, 듣기, 쓰기, 말하기)의 숙련정도이다. 다섯째, 언어를 사용하는 환경이다. 여섯째, 언어 양식(mode), 즉 일상생활에서 얼마만한 시간을 단일언어 방식으로 또는 이중언어 방식으로 사용하는가이다. 일곱째,

연구참가자의 성별, 연령, 사회문화적 배경, 교육수준 등이다. 이중언어 연구에 비해 삼중언어 연구는 더 어려워 보인다. 왜냐하면, 삼중언어 연구에서도 위에서 열거한 변인들을 모두 고려해야 하는 어려움을 가지고 있으며, 이미 알고 있는 두 언어가 제3언어 습득에 미치는 영향, 언어의 산출과 이해에서 세 언어 간의 상호작용 등을 고려해야 하기 때문이다.

삼중언어자 또는 다중언어자에 관한 연구가 아주 적은 상황에서 이중언어 연구의 방법과 이론적 모형들이 삼중언어 연구에 차용되는 것은 놀라운 일은 아니다. 이중언어 사용에 대한 이론적 모형들은 제1언어(L1)와 제2언어(L2)가 어떻게 표상되어 있는지, 언어 표상들 사이에 어떤 연결이 존재하는지 하는 것과 이중언어자들이 L1과 L2를 이해하고 산출하는 과정 등을 설명하고자 한다.

본 연구는 중국 조선족 삼중언어자를 다룬다. 이들은 삼중언어자로서 특별한 상황에 있다. 이들의 모어(=조선어)와 L2, L3의 관계는 특별하다. L2(=중국어)는 모어 이상으로 중요한 사회적 지위를 가진다. 또한 세 개의 언어는 계통적으로 서로 다르며 표기체계도 매우 다르다. 이런 것은 매우 드문 삼중언어 관계이다. 따라서 본 연구는 삼중언어자의 언어표상과 처리에 대한 모형을 구성하고 검증하는 데 특별히 흥미로운 결과를 제공할 것으로 기대된다. 뿐만 아니라, 본 연구의 결과는 중국 조선족의 언어교육과 언어정책에도 많은 시사점을 줄 것이다. 다음 장에서는 다중언어 사용과 관련된 문제들에 대한 기존의 연구와 그 이론적 가정들을 살펴보겠다.

제2장 이론적 배경

본 장에서는 본격적 연구를 실시하기에 앞서서 기존의 이중언어 연구에 대해서 개관하고, 적은 수이기는 하지만 삼중언어 연구에 대해서도 개관한다. 아울러 이를 바탕으로 본 연구에서 다루고자 하는 문제들을 제시할 것이다.

2.1 이중언어 연구

이중언어 연구에서 제기되는 첫 번째 문제는 두 개의 언어지식이 어떻게 표상되어 있는지 하는 것이다. 초점은 이중언어자의 언어 시스템이 한 개인지 아니면 두 개인지에 맞추어져 왔다. 심성어휘집(mental lexicon)을 예로 들어 논의를 진행해 보자. 심성어휘집은 단어들의 정보가 저장되어 있는 일련의 장기기억 시스템을 말한다. 만일 단일언어자가 아주 잘 조직된 심성어휘집을 갖고 있다면, 이중언어자는 또 다른 심성어휘집을 가지고 있을까? 심성어휘집이 하나라고 가정하면 두 언어는 그 속에서 어떻게 공존하고 있을까? 만일 서로 다른 심성어휘집을 갖고 있다면 이중언어자는 두 언어를 어떻게 구분하고 또 효율적으로 사용하는가 등의 문제이다.

이에 대한 해답으로, 두 개의 언어지식이 별도로 존재한다고 가정하는지 아니면 하나라고 가정하는지에 따라 공유저장(shared storage) 모형과 별도저장(separate storage) 모형으로 분류할 수 있다(Kolers, 1963). 공유저장 모형에서 두 언어는 각각의 어휘 표상과 하나의 의미 표상을 공유한다. 문자 또는 음성으로 주어진 단어는 우선 각자의 어휘 표상에 접속되어 처리된다. 의미 정보처리는 공유한 의미 표상을 이용하여 이루어진다. 어휘 번역(lexical translation)은 어휘 연결에 의하거나 의미 표상을 매개로 하여 이루어질 수 있다. 그러나 별도저장 모형에서는 두 언어는 서로 다른 의미 표상을 가지고 있고, 두 언어의 입력 처리는 각각의 의미 표상에 접속되며, 어휘 번역은 어휘 연결을 통해 직접 이루어진다고 설명한다(de Groot & Nas, 1991). Kolers(1963, 1966)는 이중언어자의 어휘지식은 어휘수준과 의미수준 두 가지로 나뉘어 표상되어 있고, 두 언어의 어휘와 의미는 각각 별도로 저장되어 있다고 주장하면서, 이중언어 습득의 초기에는 두 언어의 어휘와 의미 표상이 단일하지만 후기로 가면 독립적으로 존재하게 된다고 설명하였다.

Kroll과 Stewart(1990)는 공유저장과 별도저장 두 가지 모형을 통합하여 이중언어처리의 위계 모형(hierarchical model)을 제안하였다. 위계 모형에 의하면 이중언어자의 어휘 표상은 독립되어 있지만 의미 표상은 공유되어 있으며, 습득수준에 따라 언어 간에는 위계가 존재한다. L2가 습득되는 초기에는 L2의 어휘 표상이 L1의 어휘 표상에 종속되어 처리된다. L2의 어휘는 L1의 어휘를 경유하여 의미가 이해된다. 그러나 점차 학습이 진행되어 후기로 가면 L2의 유창성이 증가하면서 두 언어의 어휘 표상이 점차적으로 독립되어 나중에는 L2가 L1의 어휘 표상을 거치지 않고 직접 의미 표상으로 접속한다. Kroll을 대표로 하는 다수의 연구자들은, 두 언어의 의미 표상은 공유되어 있고 어휘 표상은 별도로 되어 있다고 가정한다.

그러나 위계 모형은 언어 내 점화(intra-language priming) 효과와 언어 간 점화(cross-language priming) 효과가 구체적 단어와 추상적 단어에서 상이한 결과를 나타내는 단어유형효과(Jin, 1990), 동족(cognate) 단어는 비동족(non-cognate) 단어보다(de Groot, 1991), 고이미지성(high imagable) 단어는 저이미지성(low imagable) 단어보다 더 많은 개념 마디(node)를 공유한다는 실험 결과(Paivio, 1980) 등을 설명하지 못한다. de Groot(1992)는 이중언어자의 의미분산공유 모형(shared distribution model)에서 이중언어자의 각 언어에서 활성화된 단어의 개념적 표상은 일련의 마디로 구성되며, 상이한 유형의 단어들이 공유하는 개념 마디는 서로 다르다고 주장하면서, 위의 결과들을 설명하려고 하였다. de Groot는 언어 간 서로 번역되는 단어들은 개념을 공유하고 있으며, 언어 간 동의어 등 의미가 연관된 단어들도 개념을 공유하고 있지만 그 정도가 조금 미약할 뿐이라고 주장하였다.

Altarriba와 Mathis(1997)는 점화어와 표적어 사이의 자극개시간격(stimulus onset asynchrony, SOA)이 비교적 긴 조건에서 언어 간 점화효과는 소실되지만 언어 내 점화효과는 여전히 존재함을 발견하였다. 그들은 언어 내 점화효과는 어휘수준에서 발생하는 것이고, 언어 간 점화효과는 어휘수준 이후의 과정에서 발생하는 것이라고 설명하였다. 이런 연구결과들에 근거하여 Kroll과 de Groot (1997)는 개념과 어휘는 각각 상이한 수준에 위치하고 표제항(lemma)을 거쳐 연결되는 분산 어휘/개념 모형(the distributed lexical/concept model)으로 이중언어 표상을 설명하였다. 분산 어휘/개념 모형은 어휘와 개념의 특성들은 언어 간에 서로 공유되지만, 언어와 단어 유형에 따라서 공유의 정도가 다르다고 설명한다. 분산 어휘/개념 모형에 근거하여 이중언어 표상을 설명하려는 또 다른 이론으로는 공유 (분산) 비대칭 모형(the shared (distributed) asymmetrical model)이 있다.

Dong, Gui와 McWhinney(2005)는 공유 (분산) 비대칭 모형에서 L1과 L2의 공유하고 있는 개념은 함께 저장되어 있고 공유하지 못한 개념은 별도로 저장되어 있으며, L1 어휘와 개념의 연결이 L2보다 강하다고 설명한다. 이 모형은 분산 표상의 견해를 이중언어자의 어휘와 개념의 연결방식에 융합시켰으며 이중언어자의 단어와 개념의 연결은 L2의 숙련정도에 의해 영향을 받는다고 강조한다. 연구자들은 단어의 다의성과 이중언어 사용에서 단어의 불완전대칭성 등을 분산 표상 모형으로 설명한다(Kroll & de Groot, 1997; Dong, Gui, & McWhinney, 2005).

Finkbeiner(2004)는 어의 모형(the sense model)에서 분산 모형과 마찬가지로 이중언어자는 공유된 개념과 별도의 개념을 가지고 있을 뿐만 아니라 언어 간 특정적인 개념 특징들을 가지고 있다고 설명한다. 그리고 L1 단어가 가지고 있는 개념의 양이 L2보다 많기 때문에 언어 간 점화효과가 비대칭적이라고 주장한다. 이 모형은 언어 간 점화의 대칭성과 비대칭성을 잘 설명할 수 있다. 그러나 언어 간 점화효과를 단순히 개념특징 양의 불균형으로 설명하는 것은 문제가 있어 보인다.

한국어-영어 이중언어자의 언어처리에 관한 연구들도 꾸준히 보고되어 왔다(염은영, 1997; 염은영, 신승식, 정찬섭, 1997; 신승식, 염은영, 정찬섭, 1996; 김미라, 정찬섭, 1997; 이창환, 강봉경, 2004). 염은영(1997)은 이중언어자를 고수준과 저수준으로 나누어 단어와 문장에서의 반응시간과 정확률의 차이에 대해 설명하면서, 그 원인을 영어의 어휘 처리 및 통사 처리가 한국어 체계에 의존하기 때문이라고 하였다. 이것은 신승식 등(1996)의 연구결과와 비슷한 것이다. 이중언어 사용에서 다른 언어의 음운정보가 자동적으로 활성화됨을 보여주는 이창환과 강봉경(2004)의 연구 등은 모두 이중언어자의 기본적 표상들이 공통적이라는 전제를 가지고 있다. 그러나 김미라와 정찬섭(1997)의 연구결과는 위계 모형을 지지하며 이중언어자의 언어체계는 별도의 심성어휘집을 가지고 있으며 개념표상을 공유하고 있음을 보여주고 있다.

최근의 뇌영상 연구결과들은 서로 엇갈리지만(이승복, 연은경, 이다미, 정관진, 2002; 이승복, 연은경, 윤효운, 2004; 윤효운, 조경덕, 2004; Nam, Lee, Oh, Ryu, & Na, 2003), 이중언어자의 두 언어체계가 대체로 공통적 기반을 가지고 있다고 인정하고 있다.

이중언어에 관한 이상의 연구들과 이론적 모형들을 종합해 보면, 이중언어자의 어휘지식 중 어떤 것이 별도로 되어 있고 어떤 것이 공유되어 있는지를 결론내리는 것은 시기상조인 것 같다. 이중언어의 많은 선행연구들은 표기체계뿐만 아니라 많은 단어도 공유하고 있는 인도유럽 계통의 언어를 대상으로 하여 왔고, 실험참가자들이 L2를 습득한 경로와 그 유창성에서 차이가 있었다. 이런 점에서 상이한 체계의 다중언어를 대상으로 하고, 언어습득 배경, 습득 시기와 유창성 등이 다른 참가자를 사용한 연구가 필요하다.

이중언어자의 언어 이해와 연관된 또 다른 중요한 문제는 두 가지 어휘시스템이 어떻게 연결되어 있으며, 어떻게 상호 작용하는가 하는 것이다. 서로 다른 어휘적 특성을 가지고 있는 두 언어가 어떤 방식으로 연결되어 있는지에 대해 두 가지 가설이 제안되었다(Potter, So, Eckardt, & Feldman, 1984).

첫 번째는 단어연합 가설(word association hypothesis)로서, L1과 L2가 직접 어휘수준에서 연결되어 있으며, L2의 의미접속은 L1과의 어휘 경로를 통해서만 이루어진다고 가정한다. 따라서 L2의 단어 의미를 이해하기 위해서는 L1의 도움이 필요하다. 이 가설은 L1과 L2의 변환은 어휘적 수준에서 직접 이루어질 수 있으며 의미처리를 반드시 거쳐야 하는 것은 아니라고 주장한다.

두 번째는 개념매개 가설(concept mediation hypothesis)로서, L1과 L2는 독립적이며 두 언어의 단어들은 직접 연결되어 있지 않고 공통적 개념체계를 통해서 연결되어 있다고 설명한다. 때문에 이중언어자의 단어 번역은 의미처리를 거쳐야 진행된다.

선행연구들은 두 가설의 각각을 지지하는 증거들을 보고하였다 (Chen & Ho, 1986; Durgunoglu & Roediger, 1987; Potter, et al., 1984; Snodgrass, 1984). 이에 대해서 Kroll과 Curley(1988)는 숙련된 이중언어자는 의미매개 가설을, 초보자는 단어연합 가설을 지지하는 근거들을 각각 발견하였다. 이것은 L2의 숙련정도에 따라서 이중언어자의 어휘 표상이 단어연합으로부터 점차 의미매개로 발전함을 설명한다. 단어연합 가설은 언어사용능력이 아직 발달단계에 있어, L1과 L2의 수준 차이가 현저한 이중언어자의 정보처리과정을 잘 반영하며, 의미매개 가설은 L1과 L2의 발달이 모두 고급단계에 있는 숙련된 이중언어자의 어휘시스템을 보여주는 것 같다. Kroll과 Stewart(1994)이 제안한 '개정된 위계 모형'(the revised hierarchical model; 이하 RHM로 부른다. 그림 1 참조)은 이를 반영한다. 두 어휘시스템이 직

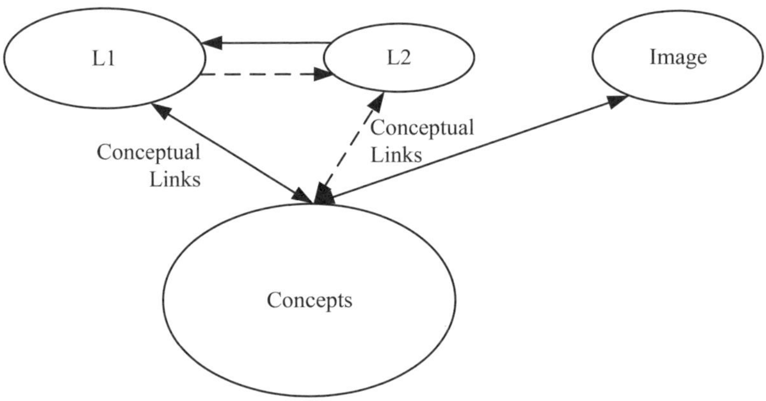

그림 1. 개정된 위계 모형 (Kroll & Stewart, 1994)

접 연결되어 있을 뿐만 아니라 개념수준을 통해서도 간접적으로 연결되어 있다. RHM은 단어연합 가설과 의미매개 가설을 통합하였으며, 두 언어 사이의 어휘 연결의 비대칭성, 어휘와 개념의 연결 강도의 비대칭성을 강조하였기에 비대칭 모형이라고도 불린다.

이중언어자의 연구에서 RHM뿐만 아니라 '이중언어 상호작용 활성화 모형'(bilingual Interactive Activation; 이하 BIA로 부른다)도 아주 유력한 이론 모형이다(Dijkstra & van Heuven, 1998; van Heuven, Dijkstra, & Grainger, 1998). 초기의 BIA 모형은 이중언어자의 표기 단어에 관한 재인을 다루었으나, 그 후 의미 처리도 다루는 BIA+ 모형으로 제안되었다(Dijkstra & van Heuven, 2002). BIA+ 모형은 이중언어자의 단어재인에서 표기 표상이 활성화되면 그 단어의 의미 표상도 활성화된다고 가정한다. 즉, 의미적으로 연관된 점화어가 제시될 때 표적어의 재인이 촉진되는 것은 점화어가 표적어의 의미 표상을 먼저 활성화시키기 때문이라고 주장한다. 비록 BIA+ 모형에서 의미수준이 따로 구현되지 않았지만 언어 간 의미점화의 존재를 예측할 수 있다. 또 이 모형에서는 학습기제가 언급되지 않았지만 숙련정도에 따른 언어처리의 차이를 예측할 수 있다. RHM이나 BIA+ 모형은 모두 공유한 의미 표상에 의해 숙련된 이중언어자의 언어 간 점화효과를 예측할 수 있다.

일부 연구에서는 언어 간 유사성이 이중언어자의 어휘 연결에 영향을 주는 것을 발견하였다(Keatley, Spinks, & De Gelder, 1994; Magiste, 1984; Markus, 1998). Markus(1998)의 연구에 의하면 미숙한 이중언어자는 두 언어 간의 표기 유사성에 관계없이 L2의 단어는 L1의 단어를 거쳐 공유한 의미 표상에 접근한다. 그러나 숙달된 이중언어자의 경우에는 두 언어 간의 표기 유사성이 없으면 L2와 L1의 단어는 의미 표상을 거쳐 연결되고, 표기 유사성이 있으면 L2의 단어는 의미 표상과 직접 연결될 뿐만 아니라 L1의 단어를 거쳐서도 의미 표상과 연결되기 때문에 중다접속(multiple access)의 특징을 나타낸다고 설명하였다. 단어연합 가설, 의미매개 가설과 마찬가지로 중다접속 가설도 이중언어자의 언어 연결에 대한 한 설명으로서, 이 세 가지 가설은 모두 RHM에 반영되었다고 할 수 있다. RHM은 L2의 숙달정도에 따라 상이한 언어 연결이 존재함을 강조한다.

L2의 부호화는 L1의 부호화의 영향을 받을 수 있다. L1이 자모문자(alphabet)이면 음운부호화가, L1이 표어문자(logograph. 예를 들어 한자)이면 표기부호화가 선호되며(鹿士義, 吳浩, 2003), L2의 학습 전략이 두 언어의 어휘 표상과 의미 표상의 연결에 영향을 미치는 것이 보고되었다(郭桃梅, 彭聃齡, 2003a; 郭桃梅, 彭聃齡, 2003b).

이중언어 연구들은 어휘시스템이 서로 어떻게 연결되어 있는지를 점화효과(priming effect)가 반영해 준다고 가정한다. 즉, 어휘시스템이 서로 연결되어 있다면 활성화의 전파(spreading activation)가 일어나기 때문에 점화효과가 나타날 것이고, 반면에 어휘시스템이 서로 연결되어 있지 않고 별도로 저장되어 있으면 언어 간 점화효과가 나타나지 않을 것이라고 가정한다. 이런 가정을 검증하기 위하여 반복점화(repetition priming)를 이용한다. 반복점화는 단어의 전부 또는 일부를 점화어와 표적어가 공유하는 실험절차로서, 점화어에 의해서 활성화된 형태정보, 음운정보, 철자정보 등이 표적어의 정확한 재인에 도움을 준다. 반복점화효과가 나타나기 위해서는 반드시 의미정보의 활성화가 필요한 것은 아니다. 왜냐하면 비단어에 대한 반응에서도 반복점화효과가 검증되었으며, 점화어의 존재가 파악되지 않는 차폐점화 실험에서도 반복점화효과가 나타나기 때문이다.

언어 간 의미점화는 이중언어 연구에서 많이 다루어지는 주제로서, 두 언어의 의미 표상이 공유되어 있다면 언어 간 점화효과가 나타나야 한다. 언어 간 의미점화효과는 SOA가 100ms와 300ms 조건에서 모두 나타나는 것으로 보고되어 있으며(Schwanenflugel & Rey, 1986), 의미 활성화가 대단히 빠르게 일어나는 것을 시사한다. 그러나 선행연구들은 서로 모순되는 결과들을 보여주었는데 언어 간 점화효과를 발견한 연구들이 있는가 하면(Schwanenflugel & Rey, 1986; Chen, 1989), 언어 간에는 점화효과가 없다고 하는 연구들도 있다(Kirsner, Chadha, & Sharma, 1980; Grainger & Beauvillain, 1988; Kirsner, Smiths, Lockhart, & King, 1984). 또한 언어 내 점화효과가 언어 간 점화효과보다 더 크고 언어 간 점화효과는 비대칭적이라고 하는 연구도 있다(Keatley, Spinks, & De Gelder, 1994). 연구자들은 서로 다른 이런 결과들은 SOA, 언어, 점화방식, L2의 숙련정도 등이 그 원인이라고 지적한다.

Keatley(1994)는 짧은 SOA 조건에서의 점화효과가 바로 의미가 자동적으로 활성화되고 확산되어 일어나는 촉진적 점화효과이고,

긴 SOA 조건에서의 언어 간 의미점화효과는 일종의 방략적 처리에 의해 나타나는 인지적 효과이며 의미의 자동적 활성화와 확산으로 보지 말아야 한다고 강조하였다. 실험참가자의 방략적 처리를 차단하기 위한 한 가지 방법은 차폐점화이다. 차폐된 점화자극은 자각이 거의 가능하지 않기 때문에 점화자극을 근거로 한 의식적 처리를 방해할 수 있다. 차폐점화 연구에서 이용되는 표준적 순서는 응시점, 점화자극, 표적자극이다. 응시점은 보통 ######를 사용하며 점화자극이나 표적자극보다 크고 길게 제시되며, 결과적으로 전차폐로서 작용하여 점화자극의 자각을 방해한다. 또한 점화자극의 제시는 50ms 정도이기 때문에 차폐점화 실험의 결과는 점화자극의 초기 처리를 반영한다고 보아야 한다.

L1과 L2의 연결에 관한 연구는 표기나 음운의 차이에 따라 심성어휘집의 표상이 어떻게 다른지에 주로 관심을 가져왔다. 그러나 이중언어자의 숙달정도와 언어경험을 중요시하는 연구자들은 L2의 경험이 늘고 숙달정도가 높아짐에 따라 언어 간의 연결 강도가 부단히 변화한다고 주장한다(Kroll & Stewart, 1994). L2의 숙달정도가 낮으면 L1과의 어휘적 연결을 거쳐 L2의 정보들이 인식되기 때문에, L2에서 L1으로의 어휘수준에서의 강한 점화효과가 나타날 것이다. 그러나 숙달정도가 높아지면서 점차 L2와 의미시스템 간의 연결이 강해지고 의미로의 직접적인 접속이 이루어진다. 두 가지 언어는 모두 의미수준의 접속이 가능하기 때문에 L1에서 L2로 향한 어휘수준에서의 점화효과가 크게 나타날 수 있다(Kroll & Sholl, 1992). 어휘판단

과제에서 언어 간 점화효과의 비대칭성, 즉 L2에서 L1로의 점화효과가 L1에서 L2보다 작은 것은 그 때문이라고 해석된다.

위의 견해와는 다르게 언어 간의 동질성, 즉 공통된 요소가 이중언어자의 어휘 표상과 처리에 결정적이라는 주장도 있다(de Groot, 1993). 예를 들면, 영어와 네덜란드어의 경우에는 강력한 점화효과가 나타나는데 그 원인은 표기체계뿐만 아니라 의미도 공유하기 때문이라는 것이다(Dijkstra, Grainger, & van Heuven, 1999). 이러한 관점은 의미보다는 단어의 형태(form), 즉 음운이나 표기의 유사성을 더 중시하는 입장이다(de Groot & Nas, 1991). 다른 연구, 중국어와 한국어 모어 화자를 대상으로 실시된 영어 단어재인 연구에서는 L2의 숙달정도보다는 언어 간의 공통적 특질이 L2의 처리에 영향을 주는 것으로 나타났다. 중국인은 표기 정보에, 한국인은 음운 정보에 크게 의존하는 결과가 나타났다(Koda, 1998; Wang, Koda, & Perfetti, 2003). 이는 L1의 처리방식이 L2의 처리방식에 영향을 준다는 것을 시사한다.

이중언어 처리에서 L2의 숙련정도와 경험을 강조하는 관점과 언어 간의 유사성을 중시하는 관점은 서로 경쟁관계로 보이지만 각자의 주장을 지지하는 연구결과를 보면 서로 배타적인 것으로 간주하는 것은 타당하지 않다. 오히려 절충적인 관점으로 두 견해에서 중요시하는 요소들을 받아들이는 시도가 필요하다.

2.2 삼중언어 연구

이중언어자가 두 명의 단일언어자의 언어능력이 더해진 것이 아니라 이중언어자만의 독특한 언어능력을 보유하듯이, 삼중언어자는 나름대로의 특징들을 가지고 있을 것이다. 삼중언어자의 어휘 표상과 처리가 이중언어자와 달리 어떤 특징을 가지는지는 흥미로운 연구 주제이다. 삼중언어에 대한 연구들은, 이중언어 연구와 마찬가지로 어휘 표상과 의미 표상을 분리하며 어휘와 의미는 별도로 저장되어있다고 가정한다(崔占玲 , 張積家 , 2009a ; 熱比古麗·白克力 , 雷志明 , 聞素霞 , 2011). 삼중언어 연결에 관한 연구들은 많지 않으며 서로 다른 결과들을 보이고 있다. 崔占玲과 張積家(2009b)는 언어 간 지연 반복 점화과제(long-term cross-language repetition priming)를 이용하여 티베트어-중국어-영어 삼중언어자의 언어 간 연결과 어휘처리를 관찰한 결과에 의거하여, 모어인 L1과 숙련된 L2는 직접적 어휘연결이 없고 의미매개로 연결되며, 숙련되지 못한 L3는 L2의 어휘를 거쳐 의미 표상에 이르고, L1과 L3은 직접적 어휘연결이 없다고 설명하였다. 그러나 熱比古麗 · 白克力(2010)는 위구르어-중국어-영어 삼중언어자를 대상으로 한 연구에서 L1(위구르어)는 숙련된 L2(중국어)와 의미매개로 연결되고, 숙련되지 못한 L3(영어)는 L1뿐만 아니라 L2와의 어휘연결을 거쳐서 의미에 접속하는 결과를 보여주었다. 이러한 상이한 결과는 언어유형, L2와 L3의 습득시기와 경로, 학습시간, 사용환경, 생활기간 등 다양한 요인들에 기인한다.

삼중언어 연구들은 언어 간의 유사성, 특히 L2와 L3이 유사할수록 삼중언어자는 L2를 이용하여 L3을 학습한다고 보고하였다(Cenoz, 2001; Leung, 2007). 학습자의 연령, 언어수준, L2 환경에서 생활한 기간 등이 L3의 습득에 영향을 미칠 수 있는데, 물론 L2가 일정한 수준으로 숙달되어야 가능한 일이다(Tremblay & Marie, 2006).

Hammarberg(2001)는 L1은 L3 습득의 초기단계에서 발음 등에 영향을 주며, L2는 L3의 산출에서 계속 활성화 되는 것을 보여주었다. L2 지식은 L3 처리과정에서 L1보다 지배력을 나타내지만, L3의 수준이 높아짐에 따라 L1과 L2의 영향은 점차 감소하였다. 다른 연구들은 L3 학습에서의 많은 오류는 L1이 아니라 L2에 의한 것이며, L2 환경에서 생활한 기간이 길수록 L3은 L2의 음운특징의 영향을 받는다고 보고하고 있다(Cenoz, Hufeisen, & Jessner, 2000).

2.3 본 연구의 목표

언어정보처리 연구에서 항상 주목해야 할 것은 표상(representation)과 처리(processing)이다. 언어표상은 언어지식의 조직화에 대한 것으로 어휘 표상, 의미 표상 및 통사지식 등이 포함된다. 언어처리는 저장된 정보를 인출하거나 사용하기 위한 과정으로서 이해와 산출 두 과정이 포함된다. 언어표상과 언어처리는 상이한 인지적 측면이지만 밀접하게 관련되어 있다. 언어표상은 언어처리에 영향을 미치며 심지어 언어처리를 결정한다. 언어처리과정은 언어표상의 구조를 반영한다. 언어표상의 구조에 대한 직접적인 관찰이 어렵기 때문에 특정한 언어처리과정을 이용하여 내부 표상구조를 추론하는 것이 현실이다.

이중언어모형들에서는 어휘 표상과 의미 표상을 구분한다. 두 언어의 어휘 표상들은 독립적이지만, 의미 표상은 공유되며 의미는 다수의 의미 마디에 의해 구성되어 있는 것으로 대다수의 모형은 가정한다(Kroll & de Groot, 1997; Dong, Gui, & McWhinney, 2005). 이런 이론적 가정은 삼중언어의 연구에도 적용할 수 있다.

현재 삼중언어자를 연구대상으로 한 심리학적 연구는 상대적으로 적으며, 이중언어자에 관한 연구가 우세를 점하고 있다. 이런 상황은 삼중언어자와 이중언어자의 언어 표상과 처리가 대동소이할 것이라는 가정을 깔고 있다. 이 가정은 과연 타당할까? 실제로 삼중언어자의 세 언어는 어떻게 표상되어 있을까? 세 언어는 서로 어떻게 연결되어 있을까? 이중언어자와 다른 점은 무엇일까? 이상의 물음에 대한 명쾌한 해답은 아직 없다. 아직 초보적이고 수적으로 적지만, L3 습득에 관한 연구는 삼중언어자와 이중언어자는 질적인 차이가 있음을 시사한다(Cenoz, 2001; Cenoz, Hufeisen, & Jessner, 2000; Aronin & Laoire, 2004). 그렇다면, 이런 차이가 삼중언어자의 언어처리에 어떤 방식으로 드러날까?

또한 이전의 이중언어 연구들은 자모문자체계의 언어들을 많이 다루었다. 서로 다른 표기체계를 사용하는 조선어, 중국어, 영어를 사용하는 삼중언어자의 어휘체계의 구조와 그 처리과정에 대한 연구는 다중언어자의 정보처리의 보편적 특징이 무엇인지 이해하는 데 기여할 수 있다. 본 연구는 조선어를 모어로 하는 삼중언어자를 다룬다[2]. 조선어는 언어계통이나 표기방식이 영어와 전혀 다를 뿐만 아니라, 중국어 등과도 완전히 다른 언어이다. 때문에 조선어-중국어-영어 삼중언어자를 대상으로 한 연구는 다중언어자의 언어체계가 어떻게 표상되어 있는지를 알아보기 위한 적절한 연구주제가 되며, 외국어 교수법 등에 이론적 근거를 제공할 것이다.

우선, 삼중언어자의 어휘지식, 특히 조선어-중국어-영어 사용자의 어휘지식에서 세 언어의 어휘와 의미는 어떻게 표상되어 있으며, 이중언어자의 언어 표상과 어떤 차이가 있는지를 규명하는 것이 본 연구의 첫 번째 관심이다.

다음, 삼중언어자의 세 언어의 어휘와 의미는 어떻게 연결되어 있으며, 어떤 변인들의 영향을 받는가? 특히 서로 다른 표기체계의 세 언어, 즉 조선어, 중국어, 영어를 학습하고 사용하지만 숙달정도에서 차이가 있는 삼중언어자에서, 언어 간 연결과 처리는 흥미로운 문제이다. 이러한 물음에 답하는 것이 이 연구의 두 번째 목표이다.

마지막으로, 위 두 가지 연구에 기초하여 서로 다른 환경과 습득경로, 그리고 숙달정도 등에서 차이가 있는 삼중언어자의 언어체계의 구조를 설명하는 것이 이 연구의 세 번째 목표이다.

---

2) 본 연구에서 '조선어'라 함은 중국의 조선족들에 의해 사용되는 언어를 가리킨다. 조선어는 한국의 한국어, 조선의 문화어 등과 함께 코리아어(the Korean language)에 속한다. 따라서 어휘, 음운, 문법 등에서 한국어와 공통성이 많지만 차이점도 엄연히 존재한다. 본 연구는 중국 조선족 다중언어자에 대한 연구임을 강조하기 위해서 '조선어'라는 용어를 사용한다.

제3장 실험 1: 제1언어의 어휘 표상과 처리

본 연구는 중국 조선족 삼중언어자의 어휘처리과정을 관찰하여 세 가지 어휘 시스템의 특징을 파악하고 어휘 시스템 간의 관계 등을 알아보고자 한다. 이를 위하여 점화기법(priming technique)을 이용하여 언어 간 점화효과(cross-language priming effect)와 언어 내 점화효과(intra-language priming effect)를 측정한다. 연구에서 관심의 초점 중 하나는 언어의 숙달정도와 습득방법이다. 조선족 대학생의 경우 일상의 지배적 언어 환경은 중국어지만 제1언어는 조선어이다. 조선어와 중국어는 숙달도가 매우 높지만 영어는 상대적으로 미숙하다. 조선족 대학생에게 중국어는 학교 안과 밖에서 가장 중요한 언어이다. 따라서 일상의 사용량을 가지고 보면 중국어는 조선어를 대신하여 L1으로 기능할 가능성이 있다. 그러나 제1언어는 사용량만으로 평가할 수 없는 특별한 지위를 가지고 있으며, 표상과 처리에서 다른 언어와 다른 양상을 기대할 수 있다.

보통, 제1언어는 출생과 동시에, 아니 출생 이전부터 습득이 시작된다. 어머니의 뱃속에서, 품속에서 습득하기 때문에 모어(mother tongue)라고 부른다. 최근의 연구들은 태아들이 모친이 사용하는 언어의 운율에 적응하며 이것은 출생 후 언어습득에 영향을 준다고 보고한다(Partanen, Kujala, Näätänen, Liitola, Sambeth, & Huotilainen, 2013). 어린 시절의 민감한 시기에 습득한 언어는 언어지식의 가장 근저에 자리잡고 이후의 타 언어 습득에 영향을 준다. 뿐만 아니라, 제1언어는 언어 환경의 급격한 변화에도 대단히 저항적이다(Pierce, Klein, Chen, Delcenserie, & Genesee, 2014). 어린 시절에 유럽 국가로 입양된 한국 아동들에 대한 연구는 성인이 되어 모어를 완전히 상실한 것 같이 된 상태에서도 여전히 모어의 발음을 신뢰롭게 구별할 수 있었다고 보고한다(Choi, Broersma, & Cutler, 2015). 모어가 아닌 언어들은 사용하지 않으면 쉽게 망각될 수 있지만 모어는 오래 사용하지 않더라도 망각되지 않는 것 같다. 이러한 관찰들은 모어에 대해서 특별한 지위를 인정하며, 표상과 처리에 있어서의 특별한 지위를 지지한다.

본 연구는 중국 조선족 삼중언어자의 언어 처리를 다룬다. 이들의 모어는 조선어이며 가장 먼저 습득되는 언어이다. 따라서 조선족 삼중언어자에 대해서는 조선어의 어휘 표상이 가장 확고하며 조선어의 어휘처리가 가장 효율적이라고 가정할 수 있다. 그러나 조선족 대학생들은 중국어를 빈번하게 사용하며 숙달도가 대단히 높다. 영어의 학습도 학교에서 중국어를 통하여 이루어진다. 이런 상황에서는 L2인 중국어와 한자의 처리는 매우 효율적으로 이루어지며, 모어인 조선어를 능가할 수 있다. 따라서 조선족 삼중언어자는 다중언어자의 언어 표상과 처리에서 모어의 역할을 연구하는 데 매우 좋은 환경을 제공한다.

본 연구는 점화기법을 방법으로 이용한다. 점화언어와 표적언어를 조작하고 이에 따라 언어 내 점화효과와 언어 간 점화효과가 어떻게 달라지는지 비교한다. 점화언어는 조선어, 중국어, 영어로 하고 표적자극은 조선어로 고정하여, 제1언어인 조선어의 처리가 모어 및 비모어 점화어에 의해 어떻게 달라지는지 관찰한다. 점화어와 표적어는 동일하거나 또는 번역 동일 단어를 사용하며, 점화효과의 유무를 판단하기 위한 통제조건에서는 음운, 의미 등에서 상이한 점화어를 사용한다. 점화어의 제시 방식은 두 가지가 있는데, 하나는 자극이 실험참가자에게 자각되지 않도록 제시하는 차폐점화(masked priming)이고, 다른 하나는 점화자극이 선명하게 보이도록 제시하는 가시점화(visible priming)이다. 차폐점화는 점화자극을 제시하는 시간이 매우 짧고 점화자극을 의식적으로 파악할 수 없기 때문에 어휘 처리의 초기 과정을 관찰하는 데 유용하다(Forster & Davis, 1984). 가시점화는 점화어가 나타나고 표적어가 나타날 때까지의 시간이 길기 때문에 의식적이고 방략적인 처리의 개입이 가능하다. SOA가 길수록 그런 경향은 증가한다. 본 연구에서는 SOA를 조작한다. SOA의 길이를 조작하면 시간 경과에 따른 어휘 처리의 변동을 조사할 수 있다. 점화자극의 제시 방법과 관련하여 본 연구는 Zhou, Marslen-Wilson, Taft와 Shu(1999)의 연구를 따르며, 차폐점화 조건 이외에 가시점화 조건으로 SOA 100ms와 SOA 300ms를 사용한다.

요약하면, 본 연구는 점화과제를 이용하여 중국 조선족 삼중언어자의 어휘 표상과 처리 과정을 조사한다. 삼중언어자의 세 가지 언어지식이 L1인 조선어를 중심으로 구성되어 있는지 아니면 사용량이 우월한 L2를 중심으로 구성되어 있는지 확인하는 것이 주요한 목표 중 하나이다. 만약 중국어 점화어에 의한 언어 간 점화효과가 조선어 언어 내 점화효과보다 크다면 조선족 삼중언어자의 어휘 표상은 L2를 중심으로 구성되어 있다고 추론할 수 있다.

3.1 방법

3.1.1 연구대상

실험참가자는 중국 연변대학교에 재학 중인 조선족 대학생 90명이었다. 차폐점화 조건, SOA 100ms 조건, SOA 300ms 조건에 각각 30명씩 무선적으로 배정되었다. 참가자들의 나안 또는 교정 시력은 정상이었다. 이들은 모두 초등학교부터 고등학교까지 조선족학교를 다녔으며, 초등학교부터 중국어를 학습하였고, 학교에서 영어를 외국어로 학습하였다. 실험참가자들은 모두 MHK(소수민족 중국어능력시험) 3급 이상이었으며 실험 전에 조선어, 중국어, 영어에 대한 숙련정도를 1(매우 숙련되지 못함)부터 7(매우 숙련함)까지의 척도로 자기평가하도록 요구하였다. 차폐점화 조건에 배정된 실험참가자들의 조선어, 중국어, 영어에 대한 숙련정도 자기평가의 평균은 각각 6.37, 5.0, 3.53이었다. 자기평가 점수를 종속변수로, 언어를 독립변수로 하는 일원변량분석을 실시하였다. 언어의 효과가 유의하였으며 [$F(2, 58)=66.93$, $MSe=.90$, $p < .0005$], 사후 비교결과 언어 간 차이가

모두 유의하였다. 중국어 평균학습기간은 13.77년, 영어 평균학습기간은 12.07년이었다. SOA 100ms 조건에 배정된 실험참가자들의 조선어, 중국어, 영어에 대한 숙련정도 자기평가의 평균은 각각 6.13, 5.2, 3.27이었다. 일원변량분석을 실시한 결과 유의하였으며[$F(2, 58)=56.02$, $MSe=1.15$, $p<.0005$], 사후 비교결과 언어 간 차이가 모두 유의하였다. 중국어 평균학습기간은 13.73년, 영어 평균학습기간은 12.03년이었다. SOA 300ms 조건에 배정된 실험참가자들의 조선어, 중국어, 영어에 대한 숙련정도 자기평가의 평균은 각각 6.17, 4.7, 3.07이었다. 일원변량분석을 실시한 결과 유의하였으며[$F(2, 58)=66.37$, $MSe=1.09$, $p<.0005$], 사후 비교결과 언어 간 차이가 모두 유의하였다. 중국어 평균학습기간은 14.37년, 영어 평균학습기간은 12.6년이었다.

3.1.2 실험장치

IBM PC/AT 호환기종인 펜티엄급 개인용 컴퓨터를 사용하여 자극을 제시하고 반응시간을 측정 및 기록하였다. 자극의 제시에는 해상도가 1024×768 화소인 17인치 모니터(LENOVO)와 VGA그래픽 어댑터를 사용하였다. 자극의 제시, 반응의 측정, 실험의 통제에는 Foster와 Foster(2003)가 개발한 실험 생성 소프트웨어 DMDX를 이용하였다. 실험참가자는 반응 버튼상자를 눌러 반응하였으며 이 버튼상자는 컴퓨터에 장착된 병렬입출력보드(Measurement Computing PIO-DIO 24)를 통해 연결되었다.

3.1.3 자극재료

실험용 단어를 선정하기 위해서 우선 중국의 중학교와 고등학교 영어 교과서에서 구체성 명사 단어 300개를 선택하였다. 그 다음 이 단어들을 조선어와 중국어로 번역한 후, 영어를 중국어로, 중국어를 영어로, 영어를 조선어로, 조선어를 영어로 번역하는 4개의 과제를 만들어 실험에 참여하지 않은 별도의 연변대학교 재학 조선족 대학생 11명, 9명, 9명, 10명에게 각각 실시하였다. 그 결과로부터 영어를 중국어로 번역하는 과제에서는 일치율 82%, 중국어를 영어로 번역하는 과제에서는 일치율 78%, 영어를 조선어로 번역하는 과제에서는 일치율 67%, 조선어를 영어로 번역하는 과제에서는 일치율 60% 이상인 90개의 단어를 선정하였다.

선정된 90개의 단어는 번역 일치율이 제일 높은 조선어와 중국어 단어로 번역되었고, 한 세트에 30개씩, 세 세트에 무선 배정되어, 점화언어와 표적언어 관계에 따라 표적단어로 이용되었다(표 1 참조). 세 세트의 단어들은 점화언어와 표적언어의 세 가지 관계에 따라 각각 배정되어 자극목록을 이루었고, 각 자극목록에는 자극단어 30개 이외에 덤자극 30개, 그리고 60개의 비단어를 추가하여 모두 120개의 자극이 포함되었다. 동일조건과 통제조건에서의 표적단어가 동일하였기 때문에 균형화(counterbalancing) 절차를 이용하여 점화언어와 표적언어 세 가지 관계에서 각각 두 개의 하위 자극 목록을 만들고 세 가지 언어관계에서의 하위 목록 1을 묶어 자극세트 1, 하위 목록 2를 묶어 자극세트 2로 실험을 진행하였다. 모든 점화어 제시방

표 1. 실험 1에 사용된 자극단어의 예 (표적언어: 조선어)

점화언어	동일조건		통제조건	
	점화어	표적어	점화어	표적어
조선어	친구	친구	도로	친구
중국어	朋友	친구	硬币	친구
영어	friend	친구	song	친구

식(차폐, 100ms, 300ms)에서 점화언어와 표적언어 관계에 따른 자극은 동일하였다. 점화자극의 크기는 22포인트였고 글꼴은 조선어는 바탕체, 중국어는 FangSong, 영어는 Times New Roman이었다. 표적자극인 조선어의 크기는 28포인트였고 글꼴은 맑은 고딕체였다.

3.1.4 절차

실험은 조용한 방에서 개별적으로 실시하였다. 자극은 검은색 바탕 화면 중앙에 흰색으로 제시되었다. 점화자극의 제시 방식은 다음 세 가지 중 하나였다. 차폐점화 조건에서는 먼저 차폐자극(#####)이 1000ms 동안 제시된 후, 점화자극이 50ms 제시되고, 이어서 표적자극이 제시되었다(그림 2 참조). 가시점화 SOA 100ms 조건에서는 먼저 화면 중앙에 십자(+) 모양의 응시점이 500ms 동안 제시되고 이어서 응시점이 사라진 후, 500ms 뒤에 점화자극이 나타났다. 점화자극은 100ms 동안 제시되었고 연이어 표적자극이 제시되었다(그림 3 참조). SOA 300ms 조건에서는 점화자극이 300ms 동안 제시되었다는 것을 제외하면 SOA 100ms 조건과 동일하였다.

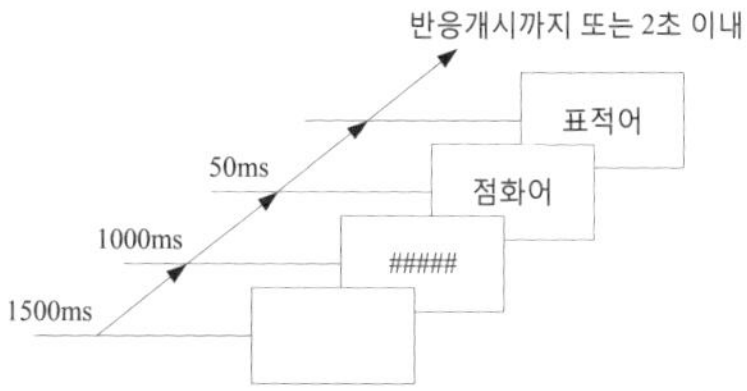

그림 2. 차폐점화 실험 절차

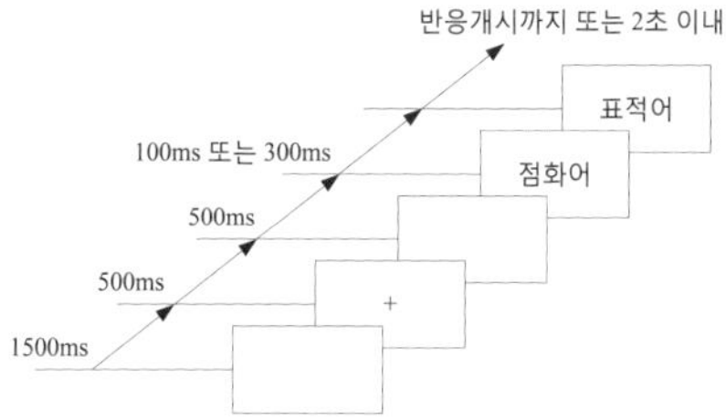

그림 3. 가시점화 실험 절차

실험참가자들은 표적이 단어인지 비단어인지를 신속하고 정확하게 판단하도록 요구받았으며, 단어이면 오른쪽 버튼을, 비단어이면 왼쪽 버튼을 신속하게 눌러야 했다. 버튼을 누르면 자극은 사라지고 1.5초 후에 다음 시행이 시작되었다. 판단이 되지 않는 경우에는 버튼을 누르지 말도록 하였으며, 그런 경우 2초 후에 표적자극은 사라지고 다음 시행으로 넘어갔다. 본 시행을 시작하기 전에 18회의 연습시행을 실시하였다.

3.2 결과 및 논의

분석은 덤시행과 비단어 시행에서의 반응을 제외하고 정반응만을 대상으로 실시하였다. 반응시간이 M±3SD를 벗어나는 시행은 분석에서 제외하였으며, 오반응률이 20%를 초과한 참가자와 표적어에 대한 자료도 분석에서 제외시켰다. 변량분석은 참가자를 무선변인으로 하는 분석(F_1)과 표적어를 무선변인으로 하는 분석(F_2)을 실시하였다. 이를 위하여 참가자별 또는 표적어별로 조건에 따른 반응시간과 오반응률의 평균을 구하여 사용하였다. 표 2에 각 조건별 평균 반응시간을 제시하였고 표 3에는 평균 오반응률을 제시하였다.

표 2. 점화언어와 점화방식에 따른 어휘판단 반응시간 (ms). (표적언어: 조선어)

점화방식	표적관련성	점화언어		
		조선어	중국어	영어
차폐점화	동일	523 (33)	548 (39)	579 (28)
	통제	574 (32)	583 (39)	573 (24)
	전체	548 (40)	566 (42)	576 (25)
	점화량	51	35	-6
SOA100	동일	494 (48)	515 (50)	595 (63)
	통제	578 (47)	619 (68)	602 (56)
	전체	536 (62)	567 (77)	599 (58)
	점화량	84	104	7
SOA300	동일	437 (36)	462 (32)	535 (43)
	통제	563 (44)	619 (49)	589 (47)
	전체	500 (74)	540 (88)	562 (51)
	점화량	126	157	54
전체	동일	485 (53)	509 (54)	570 (52)
	통제	572 (41)	607 (55)	588 (45)
	전체	528 (64)	558 (73)	579 (49)
	점화량	87	99	18

주. 괄호 안은 표준편차

표 3. 점화언어와 점화방식에 따른 어휘판단 오반응률 (%).
(표적언어: 조선어)

점화방식	표적관련성	점화언어		
		조선어	중국어	영어
차폐점화	동일	0.47 (0.74)	0.60 (0.63)	0.80 (0.76)
	통제	1.13 (0.92)	1.53 (1.41)	1.20 (1.73)
	전체	0.80 (0.87)	1.07 (1.15)	1.00 (1.09)
	점화량	0.66	0.93	0.40
SOA100	동일	1.40 (1.50)	0.87 (1.55)	1.47 (1.55)
	통제	2.00 (1.64)	2.40 (1.72)	1.93 (1.79)
	전체	1.70 (1.55)	1.63 (1.76)	1.70 (1.64)
	점화량	0.60	1.53	0.46
SOA300	동일	0.53 (0.74)	0.13 (0.35)	1.07 (0.70)
	통제	1.73 (1.91)	3.73 (1.39)	1.87 (1.25)
	전체	1.13 (1.52)	1.93 (2.05)	1.47 (1.05)
	점화량	1.20	3.60	0.80
전체	동일	0.80 (1.12)	0.53 (1.01)	1.11 (1.09)
	통제	1.62 (1.56)	2.56 (1.74)	1.67 (1.49)
	전체	1.21 (1.40)	1.54 (1.73)	1.39 (1.32)
	점화량	0.82	2.02	0.55

주. 괄호 안은 표준편차

평균 반응시간과 평균 오반응률 각각에 대해서 점화방식, 점화언어, 표적관련성을 독립변인으로 하는 3×3×2의 변량분석을 실시하였다. 사후검증에는 Scheffe의 방법을 이용하였으며, 유의도의 기준은 .05를 사용하였다. 아래에서는 반응시간 분석결과를 먼저 제시하고 이어서 오반응률 분석결과를 제시한다.

3.2.1 반응시간 분석

변량분석의 결과, 점화언어의 주효과가 유의하였다[$F_1(2, 84)=45.61$, $MSe=1280.23$, $p < .0005$; $F_2(2, 256)=24.81$, $MSe=4600.73$, $p<.0005$]. 사후 검증 결과, 점화어가 조선어일 때의 반응시간이 점화어가 중국어와 영어일 때보다 짧았다. 또한 점화어가 중국어일 때의 반응시간이 점화어가 영어일 때보다 짧았고 이 차이도 유의한 것으로 나타났다. 표적관련성의 주효과도 유의하였다[$F_1(1, 42)=574.26$, $MSe=540.05$, $p<.0005$; $F_2(1, 256)=504.77$, $MSe=1334.77$, $p<.0005$]. 점화어가 표적어와 동일할 때가 상이할 때보다 표적어에 대한 반응이 빨랐다. 점화방식의 주효과도 유의하였다[$F_1(2, 42)=3.51$, $MSe= 8262.4$, $p<.05$; $F_2(2, 256)=11.94$, $MSe=4600.73$, $p<.0005$]. SOA 100ms 조건은 SOA 300ms 조건보다 반응시간이 길었으며 이 차이는 유의한 수준에 근접하였다. 차폐점화 조건은 SOA 300ms 조건보다 길었으나 이 차이는 유의하지 않았다. 이원상호작용은 점화방식×점화언어가 참가자 분석에서 유의하였고[$F_1(4, 84)=2.54$, $MSe=1280.23$, $p<.05$; $F_2(4, 256)=1.25$, $MSe=4600.73$, $p = .29$], 점화방식×표적관련성[$F_1(2, 42)= 75.9$, $MSe=540.05$, $p < .0005$; $F_2(2, 256)=63.99$, $MSe=1334.77$, $p < .0005$], 점화언어×표적관련성[$F_1(2, 84)=139.79$, $MSe=300.14$, $p < .0005$; $F_2(2, 256)=59.63$, $MSe=1334.77$, $p<.0005$]은 참가자 분석과 자극항목 분석에서 모두 유의하였다. 그러나 점화방식×점화언어×표적관련성의 3원상호작용이 유의하게 나왔기 때문에[$F_1(4, 84)=7.84$, $MSe=300.14$, $p<.0005$; $F_2(4, 256)=3.16$, $MSe=1334.77$, $p<.05$], 이후의 분석

은 3원상호작용의 원인을 파악하는 데 집중하였다. 3원상호작용은 점화효과가 점화방식 및 점화언어에 따라서 다름을 가리키기 때문에, 우선 조건에 따른 점화효과를 계산하였다. 점화효과는 점화어와 표적어가 동일한 조건의 반응시간에서 통제조건의 반응시간을 뺀 것으로 정의하였다(이하 점화량으로 부른다). 표 2에 조건별 점화량을 제시하였다. 표 2에서 알 수 있듯이 점화량은 영어 점화어 조건을 제외하면 전반적으로 큰 수치를 나타내었다. 영어 점화어 조건의 점화량은 차폐점화와 가시점화 SOA 100ms에서 -6ms와 7ms를 기록하였다. 이 두 개의 수치만 통계적으로 유의하지 않았으며, 그 외의 점화량은 모두 통계적으로 유의하였다.

점화방식과 점화언어가 점화량에 미치는 영향을 분석하기 위하여, 점화량을 종속변인으로 하고 점화방식과 점화언어를 독립변인으로 하는 3×3 변량분석을 실시하였다. 분석 결과, 점화언어의 주효과가 유의하였다[$F_1(2, 84)=139.79$, $MSe=600.28$, $p<.0005$; $F_2(2, 256)=59.62$, $MSe=2669.53$, $p<.0005$]. 점화량은 점화 언어가 중국어일 때 가장 크고, 이어서 조선어, 영어의 순이었다. 중국어와 조선어 간에는 12ms의 차이가 났으나 유의하지 않았다. 그러나 조선어와 영어 간의 차이 69ms는 유의하였고, 중국어와 영어 간의 점화량 차이 81ms도 유의하였다. 점화방식의 주효과도 유의하였다[$F_1(2, 42)=75.9$, $MSe=1080.1$, $p<.0005$; $F_2(2, 256)=63.99$, $MSe=2669.53$, $p<.0005$]. 차폐점화, SOA 100ms, SOA 300ms의 순으로 점화량이 증가하였고, 이들 조건 간의 차이는 모두 유의하였다. 그러나 중요한 것은, 점화언어와 점화

방식의 상호작용이 유의한 것으로 나타난 것이다[$F_1(4, 84)=7.84$, $MSe=600.28$, $p<.0005$; $F_2(4, 256)=3.16$, $MSe=2669.53$, $p<.01$]. 단순 효과 분석을 실시한 결과, 점화방식에 따라서 점화언어의 효과가 다른 것이 드러났다. 우선 차폐점화 조건에서 점화언어의 효과가 유의하였다[$F_1(2, 84)=21.22$, $MSe=600.28$, $p<.0005$; $F_2(2, 86)=15.71$, $MSe=1644.26$, $p<.0005$]. 점화량은 조선어, 중국어, 영어의 순으로 작게 나왔다. 사후 비교는 세 조건의 점화량이 서로 유의하게 차이가 있음을 보여주었다. SOA 100ms 조건에서도 점화언어의 효과가 유의하였다[$F_1(2, 84)=64.99$, $MSe=600.28$, $p<.0005$; $F_2(2, 85)=46.79$, $MSe=1589.14$, $p<.0005$]. 그러나 점화량은 중국어에서 가장 크고 이어서 조선어, 영어의 순이었다. 사후 비교의 결과는 조선어와 중국어의 차이는 유의하지 않음을 보여주었으나, 두 언어와 영어의 차이는 모두 유의하였다. SOA 300ms 조건에서도 점화언어의 효과가 유의하였다[$F_1(2, 84)=69.26$, $MSe=600.28$, $p<.0005$; $F_2(2, 85)=15.73$, $MSe=4787.25$, $p<.0005$]. 중국어 점화어가 가장 큰 점화량을 나타내었고, 이어서 조선어, 영어의 순이었다. 중국어와 조선어 간의 점화량 차이가 유의하였고, 조선어와 영어의 점화량 차이도 유의하였다. 중요한 결과는 점화언어의 효과가 점화방식에 따라서 달랐다는 것이다. 차폐점화에서는 제1언어인 조선어의 점화효과가 L2와 L3보다 컸으나, 가시점화에서는 오히려 L2인 중국어의 점화효과가 L1보다 더 크게 나타났다.

점화언어를 기준으로 단순 효과를 분석한 결과는 세 언어 모두에서 점화방식에 따른 점화량의 차이가 유의함을 보여주었다[조선

어: $F_1(2, 42)=33.69$, $MSe=628.85$, $p < .0005$; $F_2(2, 258)=44.22$, $MSe=3882.69$, $p < .0005$, 중국어: $F_1(2, 42)=45.16$, $MSe=1229.14$, $p < .0005$; $F_2(2, 258)=29.23$, $MSe=3882.69$, $p < .0005$, 영어: $F_1(2, 42)=37.74$, $MSe=422.65$, $p < .0005$; $F_2(2, 258)=8.98$, $MSe=3882.69$, $p < .0005$]. 그러나 사후 비교는 영어 점화어의 효과가 조선어나 중국어 점화어의 효과와 다른 것을 보여준다. 조선어와 중국어의 경우 점화량이 차폐점화보다 가시점화에서 더 크고, 가시점화에서도 SOA 100ms보다 SOA 300ms에서 더 크다. 그러나 영어 점화어의 효과는 차폐점화와 가시점화 SOA 100ms에서 차이가 없고, 가시점화 SOA 300ms에서 SOA 100ms 조건보다 점화량이 크고 유의한 차이가 나타났다. 이런 결과는 중국어와 조선어의 처리는 신속하게 이루어지지만 영어의 처리는 상대적으로 느림을 시사한다.

표 2를 자세히 보면 이상한 점을 발견할 수 있다. 통제조건의 반응시간이 일정하지 않은 것이다. 통제조건은 점화어와 표적어 사이에 음운적, 의미적 관련성이 의도적으로 배제되어 있기 때문에, 점화어에 따른 차이를 기대할 수 없다. 전반적으로는 중국어 조건에서 반응시간이 길고 그 다음이 영어, 조선어의 순이다. 이러한 차이는 SOA가 길어질수록 커지는 경향을 나타낸다. 이런 경향이 통계적으로 의미가 있는지 알기 위하여 통제조건만을 분리하여 분석을 실시하였다. 차폐점화에서는 점화언어에 따른 차이가 유의하지 않았다 [$F_1(2, 84)=.54$, $MSe=921.49$, $p=.58$; $F_2(2, 258)=.45$, $MSe=3568.54$, $p=.64$]. 그러나 가시점화의 SOA 100ms 조건에서 점화언어의 효과는 유

의하였다[F_1(2, 84)=6.92, *MSe*=921.49, p = .002; F_2(2, 258)=3.25, *MSe*=3568.54, p=.04]. 사후 비교 결과, 조선어는 중국어보다 41ms 유의하게 빨랐으며, 영어와의 차이 24ms도 유의 수준에 근접하였다. 영어는 중국어보다 17ms 빨랐으나 유의한 차이는 아니었다. SOA 300ms 조건에서도 점화언어의 효과는 유의하였다[F_1(2, 84)=12.44, *MSe*=921.49, p < .0005; F_2(2, 258)=6.97, *MSe*=3568.54, p < .001]. 조선어에서 가장 빠르고 이어서 영어, 중국어의 순이었다. 조선어와 영어, 조선어와 중국어 사이에 모두 유의한 차이가 나타났다. 요약하면 점화어가 중국어일 때 반응시간이 가장 길었으며, 점화어가 표적어와 동일한 조선어일 때 반응시간이 가장 짧았다. 영어는 그 중간이었다. 이러한 경향은 SOA가 긴 경우에 더욱 두드러졌다.

3.2.2 오반응률 분석

오반응률의 분석을 앞의 반응시간 분석과 동일한 방식으로 실시하였다. 변량분석의 결과, 점화언어의 주효과가 참가자분석에서 유의한 수준에 근접하였다[F_1(2, 84)=2.72, *MSe*=.92, p = .07; F_2(2, 256)=.92, *MSe*=1.64, p = .4]. 표적관련성의 주효과는 유의하였으며[F_1(1, 42)=49.97, *MSe*=1.74, p < .0005; F_2(1, 256)=66.65, *MSe*=.76, p < .0005], 동일조건이 통제조건보다 낮았다(1.13%). 점화방식의 주효과도 유의하였다[F_1(2, 42)=3.27, *MSe*=3.93, p < .05; F_2(2, 256)=3.47, *MSe*=1.64, p < .05]. SOA 100ms 조건은 SOA 300ms 조건보다 .16% 높았으나 그 차이는 유의하지 않았고, 차폐점화 조건보다는 .72% 높았

고 통계적으로 유의한 수준에 근접하였다. 차폐점화 조건은 SOA 300ms 조건보다 .55% 낮았으며 이 차이는 유의하지 않았다. 점화방식×점화언어는 상호작용이 유의하지 않았고[$F_1(4, 84)=1.61$, $MSe=.92$, $p=.18$; $F_2(4, 256)=.42$, $MSe=1.64$, $p=.79$], 점화방식×표적관련성[$F_1(2, 42)=5.36$, $MSe=1.74$, $p<.01$; $F_2(2, 256)=7.29$, $MSe=.76$, $p<.001$], 점화언어×표적관련성[$F_1(2, 84)=10.32$, $MSe=1.33$, $p<.0005$; $F_2(2, 256)=7.12$, $MSe=.76$, $p<.001$]의 이원 상호작용이 모두 유의하였다. 점화방식×점화언어×표적관련성의 3원상호작용은 참가자분석에서 유의한 수준에 근접하였다[$F_1(4, 84)=2.45$, $MSe=1.33$, $p=.05$; $F_2(4, 256)=1.77$, $MSe=.76$, $p=.14$].

반응시간 분석에서 했던 것처럼 조건에 따른 점화효과를 계산하였다. 점화효과는 동일조건의 오반응률에서 통제조건의 오반응률을 뺀 것으로 정의하였다(이하 점화량으로 부른다). 표 3에 조건별 점화량을 제시하였다. 차폐점화와 가시점화 SOA 100ms에서 조선어 점화어 조건의 점화량은 .66%와 .60%, 영어 점화어 조건의 점화량은 .40%와 .46%를 기록하였다. 이 네 개의 조건만 제외하고, 그 외의 점화량은 모두 통계적으로 유의하였다.

점화방식과 점화언어가 점화량에 미치는 영향을 분석하기 위하여, 점화량을 종속변인으로 하고 점화방식과 점화언어를 독립변인으로 하는 3×3 변량분석을 실시하였다. 분석 결과, 점화언어의 주효과가 유의하였다[$F_1(2, 84)=10.32$, $MSe=2.66$, $p<.0005$; $F_2(2, 256)=7.12$, $MSe=1.51$, $p<.001$]. 점화량은 점화 언어가 중국어일 때 가장 크

고, 이어서 조선어, 영어의 순이었다. 중국어와 조선어 간에는 1.20%의 차이가 났으며 그 차이는 유의하였다. 그러나 조선어와 영어 간의 차이 .27%는 유의하지 않았고, 중국어와 영어 간의 차이 1.47%는 유의하였다. 점화방식의 주효과도 유의하였다[$F_1(2, 42)=5.36$, $MSe=3.47$, $p < .01$; $F_2(2, 256)=7.29$, $MSe=1.51$, $p < .001$]. 차폐점화, SOA 100ms, SOA 300ms의 순으로 점화량이 증가하였으며, 차폐점화 조건과 SOA 100ms 조건 차이가 유의하지 않고, 기타 조건 간의 차이는 모두 유의하였다. 점화언어와 점화방식의 상호작용이 참가자분석에서 유의한 수준에 근접하였고 항목분석에서는 유의하지 않은 것으로 나타났다[$F_1(4, 84)=2.45$, $MSe=2.66$, $p = .05$; $F_2(4, 256)=1.76$, $MSe=1.51$, $p = .14$]. 참가자분석에서 단순 효과 분석을 실시한 결과 점화방식에 따라서 점화언어의 효과가 다른 것이 드러났다. 세 가지 점화방식에서 모두 점화량은 중국어에서 가장 크고 이어서 조선어, 영어의 순이었다. 차폐점화 조건[$F_1(2, 84)=.4$, $MSe=2.66$, $p = .67$]과 SOA 100ms 조건에서는 점화언어 간에 차이가 없었다[$F_1(2, 84)=1.9$, $MSe=2.66$, $p = .15$]. 그러나 SOA 300ms 조건에서는 점화언어의 효과가 유의하였다[$F_1(2, 84)=12.92$, $MSe=2.66$, $p < .0005$]. 중국어와 조선어, 중국어와 영어 간의 점화량 차이가 모두 유의하였고, 조선어와 영어의 점화량 차이는 유의하지 않았다.

점화언어를 기준으로 단순 효과를 분석한 결과는 조선어와 영어는 점화방식에 따른 점화량의 차이가 없었고[조선어: $F_1(2, 42)=.5$, $MSe=3.22$, $p = .61$; 영어: $F_1(2, 42)=.3$, $MSe=2.27$, $p = .74$], 중국어는 점화방식에 따른 점화량의 차이가 유의함을 보여주었다[$F_1(2, 42)=8.92$, $MSe=3.29$, $p=.001$]. 점화량이 차폐점화보다 가시점화에서 더 크고, 가시점화에서도 SOA 100ms보다 SOA 300ms에서 더 크다. 사후 비교한 결과, 차폐점화는 가시점화 SOA 100ms와 차이가 없었으나, SOA 300ms와는 차이가 있었고, 가시점화 SOA 300ms에서 SOA 100ms 조건보다 점화량이 크고 유의한 차이가 나타났다.

반응시간과 마찬가지로 통제조건의 오반응률도 일정하지 않았다. 전반적으로는 중국어 조건에서 오반응률이 높고 그 다음이 영어, 조선어의 순이었다. 이러한 차이는 SOA가 길어질수록 높아지는 경향을 나타냈다. 이런 경향이 통계적으로 의미가 있는지 알기 위하여 통제조건만을 분리하여 분석을 실시하였다. 차폐점화 조건에서 점화언어에 따른 차이가 유의하지 않았고[$F_1(2, 84)=.52$, $MSe=1.32$, $p=.59$; $F_2(2, 258)=.17$, $MSe=1.88$, $p=.84$], 가시점화의 SOA 100ms 조건에서도 점화언어의 효과는 유의하지 않았다[$F_1(2, 84)=.72$, $MSe=1.32$, $p=.48$; $F_2(2, 258)=.3$, $MSe=1.88$, $p=.74$]. 그러나 SOA 300ms 조건에서는 점화언어의 효과가 유의하였다[$F_1(2, 84)=14.17$, $MSe=1.32$, $p<.0005$; $F_2(2, 258)=4.75$, $MSe=1.88$, $p=.009$]. 조선어에서 가장 낮았고 이어서 영어, 중국어의 순이었다. 조선어와 영어는 차이가 없었고, 조선어와 중국어, 중국어와 영어 사이에 모두 유의한 차이가 나타났다. 요약하면 점화어가 중국어일 때 오반응률이 가장 높았으며, 점화어가 표적어와 동일한 조선어일 때 오반응률이 가장 낮았다. 영어는 그 중간이었다. 이러한 경향은 SOA가 긴 경우에 더욱 두드러졌다. 전반

적으로 이러한 패턴은 반응시간의 패턴과 유사하다.

변량분석의 결과를 요약하면 다음과 같다. 우선 반응시간의 경우, 점화언어에 따른 차이가 유의하였다. 조선어 점화어 조건에서 가장 빠른 반응을 보인 것은 당연해 보인다. 표적어가 동일한 조선어일 뿐 아니라 모어라는 요인이 무엇보다 크게 작용한 것으로 생각된다. L2인 중국어 점화 조건이 L3인 영어 점화보다 반응이 빨랐던 것도 두 언어의 학습 시작 시기, 숙달도, 사용 환경 등을 고려하면 당연해 보인다. 그러나 통제조건의 반응시간의 패턴은 이런 설명과 일치하지 않는다. 중국어 점화 조건에서 가장 반응이 느린 것으로 나타났기 때문이다. 여기에는 두 가지 이유가 있어 보인다. 중국어 점화어의 처리에서 조선어 표적어의 처리로 전환할 때의 언어와 표기의 차이 문제이다. 그 중 하나는 한자가 한글이나 로마자보다 복잡하다는 것이다. 한자는 획수가 많고 로마자는 획수가 적다. 따라서 그다지 익숙하지 않은 로마자 표기의 영어 점화어 조건의 처리가 좀더 신속하게 나온 것으로 보여진다. 또 하나는 문자 간 유사성 때문이다. 로마자와 한글은 자모문자이지만 한자는 표어문자이다. 문자의 원리가 다른 것이다. 반면에 표적어가 자모문자인 한글로 표기되었기 때문에 동일한 자모문자인 로마자에서 한글로의 전환은 상대적으로 쉬웠을 것이다. 점화어가 한자로 쓰인 중국어 조건의 경우에는 표어문자에서 자모문자로의 전환에 좀더 어려움이 있었을 것이다.

점화효과, 즉 동일 점화어 조건과 통제 점화어 조건 사이의 차이는 영어 점화어인 경우를 제외하면 다른 언어에서는 점화방식에 관계없이 유의하게 나타났다. 영어 점화어의 경우에도 차폐점화 조건과 SOA 100ms 조건에서만 점화 효과가 나타나지 않았다. 이것은 참가자들의 영어에 대한 미숙도를 반영한다. 영어 점화어가 충분히 재인되고 의미가 파악되기 위해서는 더 많은 시간과 노력이 필요한 것 같다. SOA 300ms의 가시점화에서 유의한 점화효과가 나타난 것이 그 증거이다.

실험 결과를 점화방식에 따라서 좀더 자세히 살펴보면 다음과 같다. 점화어의 처리가 매우 제한된 차폐점화 조건의 경우, 언어 내 점화효과, 즉 조선어 점화어의 반복 점화효과가 유의하였다. 그러나 언어 간 점화효과는, 점화언어가 중국어일 때만 유의하였고, 영어 점화어는 효과가 없었다. 차폐점화 에서는 점화어에 대한 의식적 자각이 불가능하고 방략적 처리도 적용하기 어렵다. 차폐점화에서 중국어 점화어가 유의한 촉진효과를 가져온 것은 L2인 중국어의 처리가 매우 신속하며 자동적이라는 것을 시사한다. 차폐점화 조건에서 중국어 점화어는 조선어의 단어재인을 촉진한 것은 조선어와 중국어 사이에 강력한 어휘적 연결이 존재함을 시사한다. 이것은 이중언어자의 단어재인 과정에서 두 어휘시스템이 동시에 활성화되어 처리가 진행된다는 선행연구와 부합된다(Beauvillain, C., & Grainger, J., 1987; Doctor, E. A., & Klein, D., 1992; Grainger, J., & Dijkstra, T., 1992). 중국어 점화어의 효과는 차폐조건뿐만 아니라 두 개의 가시점화 조건에서도 나타났고, SOA가 길어짐에 따라 계속 증가하였다. 이것은 조선족 삼중언어자의 중국어 처리가 초기의 매우 신속하고 자동적인 특성을 가질 뿐 아니라 후기의 지속적이고 의식적인 처리에서도 유리함을 시사한다.

차폐점화 조건에서 언어 간 점화효과 중 영어 점화어의 효과가 없는 것은 주의가 필요한 부분이다. RHM에 따르면, 숙련되지 못한 이중언어자의 L2는 어휘수준에서 L1으로의 강한 연결을 가지고 있고 L1을 거쳐 의미에 접속하게 된다. 즉 영어 단어의 점화효과를 기대할 수 있지만, 연구결과는 점화효과가 없었다. 이 결과는 RHM으로는 설명이 어렵다. 영어 점화어의 효과가 없는 것은 일차적으로 어휘수준에서의 연결이 약하기 때문일 수 있지만, 또한 다른 부분에서의 문제의 가능성도 있다. 그것은 영어 점화어에 의한 의미수준의 활성화와 관련된다. 영어는 숙달도가 비교적 낮기 때문에 처리의 초기에는 의미를 통한 L1 활성화를 기대하기 어렵고 따라서 점화효과가 나타나지 않았다고 설명할 수 있다. 즉 약세 언어인 영어가 의미를 활성화시키기에는 차폐점화 조건과 SOA 100ms 가시점화 조건은 충분한 처리시간을 제공하지 않는다는 것이다. 만약 이 가정이 성립된다면 충분한 처리시간이 주어졌을 때 점화효과가 나타날 것이다. 실제로 본 연구의 결과는 SOA 300ms에서 영어 점화어에 의한 촉진효과가 유의하게 나타났다.

SOA 100ms 가시점화 조건의 결과를 살펴보자. SOA 100ms 조건은 차폐점화에 비해서 점화어의 처리에 좀더 시간이 주어진다. 뿐만 아니라 점화어가 뚜렷이 의식되기 때문에 의식적 처리 방략의 효과가 개입할 수 있다. 그런 점에서 차폐점화 조건과는 다른 결과가 나타난 것은 당연하다. 우선, 조선어 점화어의 효과, 즉 언어 내 반복 점화효과가 상당히 크게 나타났다(85ms). 그러나 언어 간 점화효과도 매우 크게 나타났다. 중국어 점화어 조건에서 점화효과는 104ms로 조선어 점화어 조건에서 보다 컸다. 반면에 영어 점화어의 효과는 차폐점화 조건과 마찬가지로 유의하지 않았다(7ms). 차폐점화 조건과 비교하면 언어 내 점화효과와 언어 간 점화효과가 모두 증가하였으며, 언어 간 점화효과의 증가폭이 훨씬 컸다. 특히 중국어 점화어의 경우 점화량 증가폭 69ms는 조선어 점화어의 증가폭 34ms보다 훨씬 컸다. 이러한 결과는 일단은 후기의 의미 처리의 영향을 반영하는 것으로 해석할 수 있다. 중국어에 의한 의미 활성화가 조선어에 의한 의미 활성화보다 더 컸기 때문인데, 이는 중국어가 의미수준에서 마디들을 광범위하게 공유하고 있기 때문이라고 할 수 있다. 영어는 조선어와의 의미 공유가 적고 처리시간도 충분하지 않았기 때문에 점화효과가 나타나지 않았고 점화량의 증가폭(13ms)도 작게 나타난 것으로 보인다. 이런 추론이 타당하다면, 만약 자극개시간격을 더 늘이면 영어에서도 유의한 점화효과가 나타날 것이고 점화량의 증가폭도 더 커질 것으로 기대할 수 있다.

SOA 300ms 조건에서, 조선어 단어의 반복 점화량은 126ms로, 중국어 단어의 점화량 157ms보다는 작았으나 영어 단어의 점화량 54ms보다는 훨씬 컸다. 이것은 앞의 논의에서 한 가정과 예측을 지지하는 결과이다. SOA 300ms 조건은 SOA 100ms 조건보다 점화어의 처리에 더 긴 시간이 주어졌고, 따라서 후기 처리의 효과가 더 많이 반영되었을 것이다. SOA 100ms 조건과 비교하면 언어 내 점화효과와 언어 간 점화효과가 모두 증가하였다. 중국어 점화어의 점화량 증가폭(53ms)은 조선어 점화량 증가폭(41ms)보다 컸다. 영어 점화어의 증가폭(47ms)도 크게 나타났다. 이런 결과는 처리 시간의 증가가 영어 점화어의 어휘처리와 의미처리를 모두 향상시켰을 가능성을 시사한다. SOA 300ms 조건에서도 점화효과의 증가가 지속된 것은, 단어재인에서 의미처리의 중요성을 시사하며, 의미처리를 위해서 많은 시간이 소요될 수 있음을, 특히 미숙한 언어의 경우에 많은 시간이 필요하다는 것을 보여준다.

이상의 논의를 요약하여 보자. 본 연구에서 중요한 결과는 점화량이 점화방식과 점화언어에 따라서 달라졌다는 것이다. 차폐점화에서는 조선어 점화어가 가장 큰 효과를 가져왔다. 중국어 점화어보다 더 큰 효과를 나타내었다. 이것은 조선어 단어의 초기 자동적 처리가 중국어 단어보다 우월함을 시사한다. 그러나 이런 경향성은 가시점화에서는 달라졌다. L1인 조선어 점화어보다 L2인 중국어 점화어의 효과가 더 크게 나타난 것이다. 좀 더 의식적인 후기 처리에서는 중국어 단어가 더 우월함을 시사하는 것이다. 이런 결과는 다른 연구들과 일치하지 않는다. 대다수의 연구에서는 L1의 우월성이 차폐점화에서는 물론이고 가시점화에서도 일관성 있게 관찰되기 때문이다. 이러한 결과는 모어와 제1언어의 동일성 가정에 대해서 질문을 제기

한다. 아마도 모어와 제1언어에 대한 새로운 정의가 필요할 수도 있다. 제1언어를 문자 그대로 가장 우세한 언어라고 한다면, 반드시 모어가 제1언어가 되는 상황만 있는 것은 아닐 터이다. 이러한 문제에 대한 논의는 종합논의에서 좀 더 깊이 있게 다루겠다.

다음 연구는 L2인 중국어의 재인을 다룬다. 중국의 조선족 대학생에게 중국어는 L1 이상의 중요성을 가진 언어이고, 학교와 사회에서 매우 우월한 지위를 가지는 언어이다. 참가자들에게 대단히 숙달된 언어로서 모어에 가까운 수행이 기대된다. 실험방법은 실험 1과 동일하며 참가자가 습득한 세 개의 언어를 모두 점화언어로 사용한다.

제4장 실험 2: 제2언어의 어휘 표상과 처리

실험 1에서는 중국 조선족 삼중언어자의 제1언어 조선어와 제2언어 중국어는 어휘수준에서 강한 연결을 가지고 있을 뿐만 아니라 의미수준에서 많은 의미 마디들을 공유하고 있으며, 제3언어 영어는 어휘 활성화가 느리며 조선어와 어휘적 연결이 약하고 의미 마디를 적게 공유하고 있음을 시사하는 결과를 얻었다.

실험 2에서는 실험 1과 마찬가지로 점화기법을 이용하여 점화언어와 표적언어를 조작하고 이에 따라 언어 내 점화효과와 언어 간 점화효과가 어떻게 달라지는지 비교한다. 점화언어는 중국어, 조선어, 영어로 하고 표적자극은 항상 중국어로 하여, 제2언어인 중국어의 처리가 점화어의 처리에 의해 어떻게 달라지는지 관찰한다. 점화어의 제시방식은 실험 1과 동일하였고, 점화어와 표적어도 실험 1에서 사용한 것과 동일하였으며 언어만 다르게 하였을 뿐이다. 표 4에 실험에 사용된 자극단어의 예를 제시하였다.

실험 2는 삼중언어자의 L2 어휘 처리과정을 조사하며, 삼중언어자의 세 가지 언어지식 중 L1과 L2의 관계를 확인하고자 한다. 그런 점에서 실험 1의 연구목표와 동일하다. 실험 2에서도 언어 내 점화효과와 언어 간 점화효과에 주목한다.

표 4. 실험 2에 사용된 자극단어의 예 (표적언어: 중국어)

점화언어	동일조건		통제조건	
	점화어	표적어	점화어	표적어
중국어	朋友	朋友	道路	朋友
조선어	친구	朋友	동전	朋友
영어	friend	朋友	song	朋友

4.1 방법

4.1.1 연구대상

실험참가자는 중국 연변대학교에 재학 중인, 실험 1에 참가하지 않은 별도의 조선족 대학생 90명이었다. 차폐점화, 100ms 가시점화와 300ms 가시점화 조건에 각각 30명씩 무선적으로 배정되었다. 이들의 나안 또는 교정 시력은 정상이었다. 실험 1의 참가자들과 마찬가지로 이들은 모두 초등학교부터 고등학교까지 조선족학교를 다녔으며, 초등학교부터 중국어를 학습하였고, 외국어는 영어를 학습한 학생들이었다. 실험참가자들은 모두 MHK(소수민족 중국어 능력 시험)3급 이상이었으며 실험 전에 조선어, 중국어, 영어에 대한 숙련정도를 1(매우 숙련되지 못함)부터 7(매우 숙련함)까지의 척도로 자기평가하였다. 차폐점화 조건에 배정된 실험참가자들의 조선어, 중국어, 영어에 대한 숙련정도 자기평가의 평균은 각각 6.53, 5.17, 3.33이었다. 자기평가 점수를 종속변수로, 언어를 독립변수로 하는 일원변량분석을 실시하였다. 언어의 효과가 유의하였으며[$F(2, 58)=116.08$,

MSe=.67, $p<.0005$], 사후 비교결과 언어 간 차이가 모두 유의하였다. 중국어 평균학습기간은 13.8년, 영어 평균학습기간은 11.77년이었다. SOA 100ms 조건에서 실험참가자들의 조선어, 중국어, 영어에 대한 숙련정도 자기평가의 평균은 각각 6.3, 5.2, 3.4였다. 일원변량분석을 실시한 결과 유의하였으며[$F(2, 58)=53.23$, *MSe*=1.21, $p < .0005$], 사후 비교결과 언어 간 차이가 모두 유의하였다. 중국어 평균학습기간은 13.83년, 영어 평균학습기간은 12.43년이었다. SOA 300ms 조건에서 실험참가자들의 조선어, 중국어, 영어에 대한 숙련정도 자기평가의 평균은 각각 6.43, 5.17, 3.37이었다. 일원변량분석을 실시한 결과 유의하였으며[$F(2, 58)=73.56$, *MSe*=.97, $p<.0005$], 사후 비교결과 언어 간 차이가 모두 유의하였다. 중국어 평균학습기간은 14.47년, 영어 평균학습기간은 12.87년이었다.

4.1.2 실험장치

실험 1과 동일하였다.

4.1.3 자극재료

점화어와 표적어는 언어만 달랐을 뿐, 실험 1의 자극과 동일하였다(표 4 참조). 점화자극의 크기는 22포인트였고 글꼴은 조선어는 바탕체, 중국어는 FangSong, 영어는 소문자 Times New Roman이었다. 표적자극인 중국어의 크기는 28포인트였고 글꼴은 SimSun였다.

4.1.4 절차

실험 1과 동일하였다.

4.2 결과 및 논의

분석은 실험 1과 똑같은 방법으로 실시하였다. 표 5에 각 조건별 반응시간, 표 6에 오반응률의 결과를 제시하였다. 평균 반응시간과 평균 오반응률 각각에 대해서 점화방식, 점화언어, 표적관련성을 독립변인으로 하는 3×3×2의 변량분석을 실시하였다. 반응시간 분석결과를 먼저 제시하고 이어서 오반응률 분석결과를 제시한다.

4.2.1 반응시간 분석

변량분석의 결과, 점화언어의 주효과가 유의하였다[$F_1(2, 80)=37.21$, $MSe=1040.46$, $p < .0005$; $F_2(2, 252)=18.1$, $MSe=4064.79$, $p < .0005$]. 사후 검증 결과, 점화어가 중국어일 때의 반응시간이 점화어가 조선어 또는 영어일 때보다 각각 41ms, 28ms 유의하게 짧았다. 또한 점화어가 조선어일 때의 반응시간은 점화어가 영어일 때보다 13ms 길었고 이 차이는 유의한 수준에 근접하였다. 표적관련성의 주효과도 유의하였다[$F_1(1, 40)=592.38$, $MSe=417.36$, $p < .0005$; $F_2(1, 252)=661.78$, $MSe=828.2$, $p < .0005$]. 점화어가 표적어와 동일할 때가 상이할 때보다 표적어에 대한 반응이 62ms 빨랐다. 점화방식의 주효과도 유의하였다[$F_1(2, 40)=17.49$, $MSe=5520.67$, $p < .0005$; $F_2(2, 252)$

표 5. 점화언어와 점화방식에 따른 어휘판단 반응시간 (ms).
(표적언어: 중국어)

점화방식	표적관련성	점화언어		
		중국어	조선어	영어
차폐점화	동일	526 (30)	577 (40)	577 (31)
	통제	586 (30)	614 (39)	577 (30)
	전체	556 (42)	595 (43)	577 (29)
	점화량	60	37	0
SOA100	동일	456 (35)	532 (35)	532 (45)
	통제	569 (34)	588 (41)	564 (30)
	전체	512 (65)	560 (49)	548 (40)
	점화량	113	56	32
SOA300	동일	434 (45)	474 (45)	491 (34)
	통제	542 (38)	576 (51)	540 (50)
	전체	487 (66)	525 (69)	515 (47)
	점화량	108	102	49
전체	동일	473 (54)	529 (58)	534 (51)
	통제	566 (38)	593 (46)	560 (40)
	전체	518 (65)	559 (61)	546 (47)
	점화량	94	65	27

주. 괄호 안은 표준편차

=52.8, MSe=4064.79, $p < .0005$]. 차폐점화, SOA 100ms, SOA 300ms 순으로 반응시간이 짧았으며, 세 조건 사이에 모두 유의한 차이가 나타났다. 이원상호작용은 점화방식×점화언어는 유의하지 않았고 [$F_1(4, 80)=.46$, MSe=1040.46, $p = .76$; $F_2(4, 252)=.2$, MSe=4064.79, $p = .93$], 점화방식×표적관련성[$F_1(2, 40)=39.86$, MSe=417.36, $p < .0005$; $F_2(2, 252)=49.46$, MSe=828.2, $p < .0005$], 점화언어×표적관련성[F_1(2,

80)=62.42, MSe=391.36, $p < .0005$; $F_2(2, 252)=64.96$, MSe=828.2, $p < .0005$]은 모두 유의하였다. 그러나 점화방식×점화언어×표적관련성의 3원상호작용이 유의하게 나왔기 때문에[$F_1(4, 80)=3.2$, MSe=391.36, $p < .01$; $F_2(4, 252)=3.14$, MSe=828.2, $p < .01$], 이후의 분석은 3원상호작용의 원인을 파악하는 데 집중하였다. 3원상호작용은 점화효과가 점화방식 및 점화언어에 따라서 다름을 가리키기 때문에, 우선 조건에 따른 점화효과를 계산하였다. 표 5에 조건별 점화량을 제시하였다. 표 5에서 알 수 있듯이 점화량은 영어 점화어 조건을 제외하면 전반적으로 큰 수치를 나타내었다. 영어 점화어 조건의 점화량은 차폐점화에서 0ms를 기록하였다. 이 수치만 통계적으로 유의미하지 않았으며, 그 외의 점화량은 모두 통계적으로 유의미하였다.

점화방식과 점화언어가 점화량에 미치는 영향을 분석하기 위하여, 점화량을 종속변인으로 하고 점화방식과 점화언어를 독립변인으로 하는 3×3 변량분석을 실시하였다. 분석 결과, 점화언어의 주효과가 유의하였다[$F_1(2, 80)=62.42$, MSe=782.73, $p < .0005$; $F_2(2, 252)=64.96$, MSe=1656.4, $p<.0005$]. 점화량은 점화 언어가 중국어일 때 가장 크고, 이어서 조선어, 영어의 순이었다. 중국어와 조선어 간의 차이 28ms, 중국어와 영어 간의 차이 67ms, 조선어와 영어 간의 차이 39ms는 모두 유의하였다. 점화방식의 주효과도 유의하였다[$F_1(2, 40)=39.86$, MSe=834.73, $p < .0005$; $F_2(2, 252)=49.46$, MSe=1656.4, $p < .0005$]. 차폐점화, SOA 100ms, SOA 300ms의 순으로 점화량이 증가하였고, 이들 조건 간의 차이는 모두 유의하였다.

그러나 중요한 것은, 점화언어와 점화방식의 상호작용이 유의한 것으로 나타난 것이다[$F_1(4, 80)=3.2$, $MSe=782.73$, $p < .01$; $F_2(4, 252)=3.14$, $MSe=1656.4$, $p<.01$]. 단순 효과 분석을 실시한 결과, 점화방식에 따라서 점화언어의 효과가 다른 것이 드러났다. 우선 차폐점화 조건에서 점화언어의 효과가 유의하였다[$F_1(2, 80)=17.92$, $MSe=782.73$, $p<.0005$; $F_2(2, 87)=20.11$, $MSe=1676.51$, $p<.0005$]. 점화량은 중국어, 조선어, 영어의 순으로 작게 나왔다. 사후 비교는 세 조건의 점화량이 서로 유의하게 차이가 있음을 보여주었다. SOA 100ms 조건에서도 점화언어의 효과가 유의하였다[$F_1(2, 80)=31.54$, $MSe=782.73$, $p<.0005$; $F_2(2, 82)=30.34$, $MSe=1740.89$, $p<.0005$]. 점화량은 중국어에서 가장 크고 이어서 조선어, 영어의 순이었다. 사후 비교의 결과는 차폐점화 조건과 마찬가지로 세 조건의 점화량이 서로 유의하게 차이가 있음을 보여주었다. SOA 300ms 조건에서도 점화언어의 효과가 유의하였다[$F_1(2, 80)=19.16$, $MSe=782.73$, $p<.0005$; $F_2(2, 83)=20.2$, $MSe=1551.84$, $p<.0005$]. 위 두 조건과 같이 중국어 점화어가 가장 큰 효과를 나타내었고, 이어서 조선어, 영어의 순이었다. 다만 중국어와 조선어 간의 점화량 차이가 유의하지 않았고, 중국어와 영어, 조선어와 영어의 점화량 차이는 모두 유의하였다. 중요한 결과는 L2-L1-L3 순으로 점화량 차이가 있었다는 것이며, L2인 중국어 점화어의 효과가 차폐점화와 가시점화 모두에서 점화방식에 관계없이 L1과 L3보다 시종 컸다.

단순 효과를 점화언어를 기준으로 분석한 결과는 세 언어 모두에서 점화방식에 따른 점화량의 차이가 유의함을 보여주었다[중국어: $F_1(2, 42)=20.19$, $MSe=634.42$, $p < .0005$; $F_2(2, 254)=10.41$, $MSe=2490.64$, $p < .0005$, 조선어: $F_1(2, 41)=16.41$, $MSe=974.63$, $p < .0005$; $F_2(2, 254)=15.64$, $MSe=2490.64$, $p < .0005$, 영어: $F_1(2, 41)=11.59$, $MSe=772.07$, $p < .0005$; $F_2(2, 254)=10.95$, $MSe=2490.64$, $p < .0005$]. 그러나 사후 비교는 중국어와 영어 점화어의 효과가 조선어 점화어의 효과와 다른 것을 보여준다. 중국어와 영어의 경우 점화량은 차폐점화보다 가시점화에서 더 컸고, SOA 100ms와 SOA 300ms 사이에서는 차이가 없었다. 그러나 조선어 점화어의 효과는 차폐점화와 가시점화 SOA 100ms 사이에서는 차이가 없고, SOA 300ms에서 SOA 100ms 조건보다 점화량이 크고 유의한 차이가 나타났다.

본 실험에서도 실험 1에서와 마찬가지로 통제조건의 반응시간이 일정하지 않게 나타났다. 전반적으로는 조선어 조건에서 반응시간이 길고 그 다음이 중국어, 영어의 순이었다. 이런 경향이 통계적으로 의미가 있는지 알기 위하여 통제조건만을 분리하여 분석을 실시하였다. 차폐점화에서는 점화언어에 따른 차이가 유의하였다[$F_1(2, 80)=6.79$, $MSe=835,75$, $p = .002$; $F_2(2, 254)=4.13$, $MSe=3145.25$, $p=.01$]. 사후 비교 결과, 중국어와 영어는 조선어보다 유의하게 짧은 반응시간을 나타내었고, 중국어와 영어 사이에는 유의한 차이가 없었다. 가시점화의 SOA 100ms 조건에서 점화언어의 효과는 참여자 분석에서 유의한 수준에 근접하였다[$F_1(2, 80)=2.75$, $MSe=835,75$, $p = .07$; $F_2(2, 254)=1.17$, $MSe=3145.25$, $p = .31$]. 조선어 통제조건에서의 반응이 영어와 중국어에 비해서 느리게 나타났다. SOA 300ms 조건에서 점화언어의 효과는 유의하였다[$F_1(2, 80)=6.96$, $MSe=835,75$, $p=.002$; $F_2(2, 254)=4.99$, $MSe=3145.25$, $p=.007$]. 중국어는 조선어보다 빨랐으나, 영어와의 차이는 없었다. 조선어는 영어보다 느렸고 이 차이는 유의하였다. 요약하면 점화어가 조선어일 때 반응시간이 가장 길었으며, 중국어 점화어와 영어 점화어 사이에 차이가 없었다.

4.2.2 오반응률 분석

변량분석의 결과, 점화언어의 주효과가 유의하였다[$F_1(2, 80)=4.21$, $MSe=1.8$, $p=.01$; $F_2(2, 252)=3.14$, $MSe=1.29$, $p=.04$]. 사후 검증 결과, 중국어 오반응률이 조선어보다 .60% 낮아 이 차이는 유의하였다. 중국어는 영어보다 .34% 낮고, 조선어는 영어보다 .26% 높았으나 이들 차이는 유의하지 않았다. 표적관련성의 주효과는 유의하였으며[$F_1(1, 40)=57.07$, $MSe=1.48$, $p<.0005$; $F_2(1, 252)=64.45$, $MSe=.75$, $p<.0005$], 동일조건이 통제조건보다 1.1% 낮았다. 점화방식의 주효과는 유의하지 않았다[$F_1(2, 40)=.49$, $MSe=2.77$, $p=.61$; $F_2(2, 252)=.24$, $MSe=1.29$, $p=.78$]. 점화방식×점화언어의 상호작용은 유의하지 않았고[$F_1(4, 80)=.51$, $MSe=1.8$, $p=.73$; $F_2(4, 252)=.59$, $MSe=1.29$, $p=.66$], 점화방식×표적관련성[$F_1(2, 40)=3.31$, $MSe=1.48$, $p<.05$; $F_2(2, 252)=3.93$, $MSe=.75$, $p<.05$], 점화언어×표적관련성[$F_1(2, 80)=8.43$, $MSe=1.18$, $p<.0005$; $F_2(2, 252)=9.88$, $MSe=.75$, $p<.0005$]의 이원 상호작용은 모두 유의하였다. 점화방식×점화언어×표적관련성의 3원상

호작용은 유의하지 않았다[$F_1(2, 80)=1.51$, $MSe=1.18$, $p = .2$; $F_2(2, 252)=.98$, $MSe=.75$, $p=.41$].

반응시간의 분석에서 했던 것처럼 점화량을 계산하였다. 점화량은 통제조건에서 동일조건을 뺀 값이다. 표 6에 조건별 점화량을 제시하였다. 차폐점화에서 영어 점화어 조건의 점화량은 -.2%, 가시점화 SOA 100ms에서 중국어 점화어 조건의 점화량은 .36%를 기록하

표 6. 점화언어와 점화방식에 따른 어휘판단 오반응률 (%).
(표적언어: 중국어)

점화방식	표적관련성	점화언어		
		중국어	조선어	영어
차폐점화	동일	0.60 (0.63)	0.73 (1.16)	1.40 (1.35)
	통제	1.47 (1.13)	2.40 (1.92)	1.20 (1.15)
	전체	1.03 (0.98)	1.57 (1.74)	1.30 (1.21)
	점화량	0.87	1.67	-0.20
SOA100	동일	0.93 (1.33)	0.79 (1.05)	0.57 (0.64)
	통제	1.29 (0.99)	2.36 (2.02)	1.57 (1.22)
	전체	1.10 (1.11)	1.60 (1.76)	1.07 (1.06)
	점화량	0.36	1.57	1.00
SOA300	동일	0.07 (0.27)	0.07 (0.27)	0.50 (0.76)
	통제	1.07 (1.44)	2.64 (2.37)	2.00 (1.62)
	전체	0.57 (1.17)	1.36 (2.07)	1.25 (1.45)
	점화량	1.00	2.57	1.50
전체	동일	0.53 (0.91)	0.53 (0.96)	0.84 (1.05)
	통제	1.28 (1.18)	2.47 (2.06)	1.58 (1.35)
	전체	0.91 (1.11)	1.51 (1.86)	1.25 (1.26)
	점화량	0.74	1.94	0.77

주. 괄호 안은 표준편차

였다. 이 두 개의 수치만 통계적으로 유의하지 않았으며, 그 외의 점화량은 모두 통계적으로 유의하였다.

점화방식과 점화언어가 점화량에 미치는 영향을 분석하기 위하여, 점화량을 종속변인으로 하고 점화방식과 점화언어를 독립변인으로 하는 3×3 변량분석을 실시하였다. 분석 결과, 점화언어의 주효과가 유의하였다[$F_1(2, 80)=8.43$, $MSe=2.37$, $p<.0005$; $F_2(2, 252)=9.88$, $MSe=1.5$, $p<.0005$]. 점화량은 점화 언어가 조선어일 때 가장 크고, 이어서 영어, 중국어의 순이었다. 조선어와 중국어 간의 1.20%, 조선어와 영어 간의 1.17% 차이는 모두 유의하였다. 그러나 영어와 중국어 간의 차이 .03%는 유의하지 않았다. 점화방식의 주효과도 유의미하였다[$F_1(2, 40)=3.32$, $MSe=2.97$, $p<.05$; $F_2(2, 252)=3.93$, $MSe=1.5$, $p<.05$]. 차폐점화, SOA 100ms, SOA 300ms의 순으로 점화량이 증가하였으며, 차폐점화 조건에서는 SOA 100ms 조건보다 점화효과가 .2% 낮았으며, SOA 100ms 조건과 SOA 300ms 조건 간의 차이는 유의하지 않았다. 점화언어와 점화방식의 상호작용 효과는 유의하지 않은 것으로 나타났다[$F_1(4, 80)=1.51$, $MSe=2.37$, $p=.2$; $F_2(4, 252)=.98$, $MSe=1.5$, $p=.41$].

반응시간과 마찬가지로 통제조건의 오반응률도 일정하지 않았다. 전반적으로는 조선어 조건에서 오반응률이 높았고 그 다음이 영어, 중국어의 순이었다. 이런 경향이 통계적으로 의미가 있는지 알기 위하여 통제조건만을 분리하여 분석을 실시하였다. 차폐점화 조건에서 점화언어에 따른 차이가 참여자분석에서 유의한 수준에 근접하였고 항목분석에서는 유의하지 않았다[$F_1(2, 80)=2.75$, $MSe=2.17$, $p = .07$; $F_2(2, 254)=1.96$, $MSe=1.52$, $p = .14$]. 가시점화의 SOA 100ms 조건에서 점화언어의 효과는 항목분석에서만 유의하였다[$F_1(2, 80) =1.99$, $MSe=2.17$, $p = .14$; $F_2(2, 254)=3.27$, $MSe=1.52$, $p = .04$]. 사후 비교 결과, 중국어의 오반응률은 조선어보다 1.07% 낮았고 이 차이는 유의한 수준에 근접하였다. 중국어의 오반응률은 영어보다 .28% 낮았고, 조선어는 영어보다 .79% 높았지만 이 차이는 유의하지 않았다. SOA 300ms 조건에서는 점화언어의 효과가 참여자분석에서는 유의미하게 나타났고 항목분석에서는 유의한 수준에 근접하였다[$F_1(2, 80)=4.03$, $MSe=2.17$, $p = .02$; $F_2(2, 254)=2.77$, $MSe=1.52$, $p = .06$]. 중국어에서 가장 낮았고 이어서 영어, 조선어의 순이었다. 사후 검증 결과, 중국어의 오반응률은 조선어보다 1.57% 낮았고, 영어보다 .93% 낮았으나 이 차이는 유의하지 않았다. 조선어의 오반응률은 영어보다 .64% 높았고 이 차이는 유의하지 않았다. 전체적으로 점화어가 조선어일 때 오반응률이 가장 높았으며, 점화어가 표적어와 동일한 중국어일 때 오반응률이 가장 낮았다. 영어는 그 중간이었다. 반응시간이 빨라짐에 따른 오반응률의 증가는 없었다.

이상의 결과는 표적언어가 중국어일 때, 점화방식에 따라서 점화언어의 효과가 다르게 나옴을 보여준다. 점화어의 존재가 파악되지 않는 차폐점화조건에서 중국어 점화효과는 있었고, 조선어 점화효과도 있었지만, 영어 점화효과는 없었다. 조선어가 표적언어인 실험 1의 경우와 똑같은 양상이다. 언어 내 점화효과가 언어 간 점화효과보다 더 큰 것은 실험 1의 논의와 같이 역시 점화어의 어휘적 처리와 연관되어 보인다. 또한 차폐점화 조건에서의 점화효과는 어휘접속 이전(pre-lexical)의 '순수한' 표기적 특성이 표적 처리에 미치는 영향을 배제할 수 없기에 동일한 자극이 반복되는 중국어 조건에서 더 큰 점화효과가 나타난 것으로 보인다.

차폐점화 조건에서 조선어의 점화효과가 나타난 것은 조선어와 중국어의 어휘시스템의 강한 연결을 시사한다. 이는 실험 1의 차폐점화 실험에서의 결과와 대응되어, 두 언어 간의 연결이 양방향적임을 지지한다. 조선어를 차폐 제시하였을 때 중국어에 대한 반응이 촉진된 것은 두 언어 사이의 활성화 및 활성화의 전파가 비의도적이며 매우 신속하다는 것을 시사한다. 물론, 조선어에서 중국어로의 영향은 어휘수준에서 뿐만 아니라 의미수준에서도 가능하다. 따라서 SOA가 길어지면 점화량이 늘어날 것으로 기대할 수 있다.

차폐점화조건에서 영어 점화효과가 나타나지 않은 것은 실험 1의 논의와 마찬가지로 영어의 어휘수준에서의 처리와 관련이 있다. 영어는 어휘수준의 활성화 속도가 느리다. 또한 중국어 어휘와의 연결이 약하며, 의미를 경유하는 경로의 이용에도 시간이 걸린다. 이러한 가정이 성립된다면 충분한 처리시간이 주어지면, 즉 SOA가 길어지면 점화효과가 나타날 것이다.

SOA 100ms 조건에서 중국어 언어 내 반복 점화효과가 유의하였고, 조선어 점화효과도 유의하였다. 또한 영어의 경우에도 차폐점화 조건과 달리 점화효과가 나타났다. 이런 결과는 SOA가 길어지면 영어의 점화효과가 커질 것이라는 예측과 부합된다. 점화효과가 크다는 것은 표적자극을 효과적으로 활성화하는 것이라고 할 수 있다. 조선어에서 중국어로의 영향은 영어에서 중국어로의 영향보다 훨씬 효과적임을 알 수 있다.

차폐점화 조건과 비교하면 SOA 100ms 조건에서는 언어 내와 언어 간 점화량이 모두 증가하였다. 중국어의 언어 내 점화효과의 증가폭은 조선어, 영어 점화어의 언어 간 점화효과의 증가폭보다 더 컸다. 조선어에서 중국어로 접속할 때의 증가폭이 실험 1의 SOA 100ms 조건에서 중국어에서 조선어로 접속할 때의 증가폭보다 훨씬 작은 것은 조선어에서 중국어로의 활성화가 중국어에서 조선어로의 활성화보다 작은 것을 설명하며 이것은 두 언어 간의 연결강도의 차이를 시사한다. 가시점화 조건에서는 의미수준의 처리가 반영된다는 견해를 받아들이면, 실험 2의 결과는 조선어에서 중국어로의 의미적 경로는 중국어에서 조선어로의 의미적 경로보다는 약함을 시사한다. 위의 결과와 실험 1의 결과들을 종합해보면, 조선어에서 중국어로의 연결은 확립되어 있지만 그 강도가 중국어에서 조선어로의 연결보다 약하다.

SOA 300ms 조건에서 중국어 언어 내 점화효과는 유의하고, 언어 간 점화효과는 조선어, 영어 모두에서 나타났다. 언어 내 점화효과는 SOA 100ms 조건과 SOA 300ms 조건 사이에 차이가 없는데 이것은 점화어의 처리가 100ms이내에 마무리 되었음을 시사한다. 실험 1에서 조선어의 언어 내 점화효과가 세 가지 점화방식 조건에서 모두 차이가 나타난 것과 대조된다. 중국어에 의한 의미 활성화가 조선어에 의한 의미 활성화보다 신속함을 보여준다.

SOA 300ms 조건에서의 수행을 SOA 100ms 조건과 비교하면, 조선어의 점화량 증가가 가장 컸으며, 이것은 SOA 100ms 조건과 차폐 점화 조건사이의 점화량 증가폭보다 훨씬 컸다. 이러한 증가폭의 차이는 조선어에 의한 중국어의 활성화에 좀더 시간이 필요함을 의미한다. 또한 실험 1의 중국어 점화어 결과를 함께 고려하면 중국어가 조선어보다 더 신속하게 처리됨을 짐작할 수 있다.

점화언어가 영어인 경우에는 SOA 300ms에서의 점화량 증가폭이 SOA 100ms의 점화량 증가폭보다 작게 나타났다. 이 결과는 자극개시간격이 길면 점화량의 증폭이 더 커질 것이라는 예측과는 빗나갔다.

표적자극이 L2이고 점화자극이 L1, L2, L3였던 실험 2의 결과가 시사하는 바를 종합하면 다음과 같다. 조선어는 중국어와 어휘수준에서 비교적 강하게 연결되어 있으며 의미수준에서도 중국어와 폭넓은 의미 마디들을 공유하고 있다. L1인 조선어와 L2인 중국어의 연결은 비대칭적이다. 중국어에서 조선어로의 활성화는 조선어에서 중국어로의 활성화보다 강하다. 영어는 어휘 활성화의 속도가 느리며 중국어와의 어휘적 연결이 약하다. 중국어와 영어가 의미수준에서 어떻게 연결되어 있는지에 대해서는 추론할 수 없다. 실험 3은 영어를 표적언어로 사용하여, 영어 어휘가 중국어와 조선어 어휘와 어떤 연결을 하는지를 조사하기 위해 실시되었다.

제5장 실험 3: 제3언어의 어휘 표상과 처리

실험 1과 실험 2를 통하여 삼중언어자의 L1인 조선어와 L2인 중국어는 비대칭적으로 연결되어 있음을 확인할 수 있었다. 또한 L3인 영어가 조선어, 중국어를 활성화시키는 정도가 서로 다른 것으로 나타났다.

실험 3은 중국 조선족 삼중언어자의 L3(영어) 어휘 처리 과정을 다룬다. 실험 3은 실험 1, 2와 마찬가지로 점화 기법을 이용하여 점화언어와 표적언어를 조작하고 이에 따라 언어 내 점화효과와 언어 간 점화효과가 어떻게 달라지는지 비교한다. 점화언어는 영어, 조선어, 중국어로 하고 표적자극은 항상 영어로 하여, 제3언어인 영어 단어의 재인이 점화어의 처리에 의해 어떻게 달라지는지 관찰한다. 점화어의 제시 방식은 실험 1과 실험 2에서와 동일하였다. 점화어와 표적어도 실험 1과 실험 2에서 사용한 것과 동일하였다. 조건에 따라 언어만 상이하였다.

실험 3는 삼중언어자의 L3 어휘 처리과정을 조사하며, 삼중언어자의 세 가지 언어지식 중 L3와 L1, L2의 관계를 확인하고자 한다.

5.1 방법

5.1.1 연구대상

실험참가자는 중국 연변대학교에 재학 중인, 앞의 두 실험에 참가하지 않은 별도의 조선족 대학생 90명이었다. 차폐점화, 100ms 가시점화와 300ms 가시점화 조건에 각각 30명씩 무선적으로 배정되었다. 참가자들의 나안 또는 교정 시력은 정상이었다. 앞의 두 실험에 참여한 실험참가자들과 마찬가지로 이들도 모두 초등학교부터 고등학교까지 조선족학교를 다녔다. 초등학교부터 중국어를 학습하였고, 외국어는 영어를 학습하였다. 실험참가자들은 모두 MHK(소수민족 중국어 능력 시험)3급 이상이었다. 실험 전에 조선어, 중국어, 영어에 대한 숙련정도를 1(매우 숙련되지 못함)부터 7(매우 숙련함)까지의 척도로 자기평가하였다. 차폐점화 조건에 배정된 실험참가자들의 조선어, 중국어, 영어에 대한 숙련정도 자기평가의 평균은 각각 6.23, 5.1, 3.53이었다. 자기평가 점수를 종속변수로, 언어를 독립변수로 하는 일원변량분석을 실시하였다. 언어의 효과가 유의하였으며[$F(2, 58)=50.73$, $MSe=1.09$, $p<.0005$], 사후 비교결과 언어 간 차이가 모두 유의하였다. 중국어 평균학습기간은 13.7년, 영어 평균학습기간은 12.33년이었다. SOA 100ms 조건의 실험참가자들의 조선어, 중국어, 영어에 대한 숙련정도 자기평가의 평균은 각각 6.27, 4.87, 3.3이었다. 일원변량분석을 실시한 결과 유의하였으며[$F(2, 58)=72.99$, $MSe=.91$, $p<.0005$], 사후 비교결과 언어 간 차이가 모두 유의하였다. 중국어 평

균학습기간은 13.63년, 영어 평균학습기간은 12.43년이었다. SOA 300ms 조건의 실험참가자들의 조선어, 중국어, 영어에 대한 숙련정도 자기평가의 평균은 각각 6.4, 5.23, 3.8이었다. 일원변량분석을 실시한 결과 유의하였으며[$F(2, 58)=115.37$, $MSe=.44$, $p < .0005$], 사후비교결과 언어 간 차이가 모두 유의하였다. 중국어 평균학습기간은 14.3년, 영어 평균학습기간은 12.6년이었다.

5.1.2 실험장치

실험 1과 실험 2에 사용한 것과 동일하였다.

5.1.3 자극재료

점화어와 표적어의 언어유형만 상이하였을 뿐, 실험 1의 자극과 동일하였다(표 7 참조). 점화자극의 크기는 22포인트였고 글꼴은 조선어는 바탕체, 중국어는 FangSong, 영어는 소문자 Times New Roman이었다. 표적자극인 영어의 크기는 26포인트였고 글꼴은 대문자 Times New Roman이었다.

표 7. 실험 3에 사용된 자극단어의 예 (표적언어: 영어)

점화언어	동일조건		통제조건	
	점화어	표적어	점화어	표적어
영어	friend	FRIEND	road	FRIEND
조선어	친구	FRIEND	동전	FRIEND
중국어	朋友	FRIEND	歌曲	FRIEND

5.1.4 절차

실험참가자가 자극제시 후 5초 이내에 반응하지 않은 경우 오반응으로 간주하고 다음 시행을 진행시킨 것을 제외하면 실험 1과 실험 2에 사용된 절차와 동일하였다.

5.2 결과 및 논의

분석은 실험 1, 2와 똑같은 방법으로 실시하였다. 평균 반응시간과 평균 오반응률 각각에 대해서 점화방식, 점화언어, 표적관련성을 독립변인으로 하는 3×3×2의 변량분석을 실시하였다. 반응시간 분석결과를 먼저 제시하고 이어서 오반응률 분석결과를 제시한다. 표 8에 각 조건별 반응시간, 표 9에 오반응률을 제시하였다.

5.2.1 반응시간 분석

변량분석의 결과, 점화언어의 주효과는 참여자분석에서만 유의미하였다[$F_1(2, 62)=5.65$, $MSe=4244.53$, $p<.005$; $F_2(2, 209)=.56$, $MSe=4047.87$, $p=.56$]. 점화언어가 영어일 때 가장 반응시간이 짧았고, 이어서 중국어, 조선어의 순이었다. 사후 검증 결과, 영어와 다른 두 언어사이의 차이는 유의한 것으로 나타났고, 점화어가 조선어와 중국어일 때보다 현저하게 빨랐다. 조선어와 중국어의 차이는 유의하지 않았다. 표적관련성의 주효과도 유의미하였다[$F_1(1, 31)=138.76$, $MSe=4969.65$, $p<.0005$; $F_2(1, 209)=312.67$, $MSe=5369.34$, $p<.0005$].

표 8. 점화언어와 점화방식에 따른 어휘판단 반응시간 (ms).
(표적언어: 영어)

점화방식	표적관련성	점화언어		
		영어	조선어	중국어
차폐점화	동일	753 (68)	752 (91)	738 (67)
	통제	780 (61)	808 (89)	803 (94)
	전체	766 (74)	780 (90)	771 (83)
	점화량	27	56	65
SOA100	동일	683 (96)	693 (70)	670 (52)
	통제	774 (106)	819 (103)	858 (120)
	전체	729 (119)	756 (108)	764 (162)
	점화량	91	126	188
SOA300	동일	637 (114)	702 (87)	679 (90)
	통제	797 (136)	855 (132)	866 (139)
	전체	717 (147)	778 (132)	772 (142)
	점화량	160	153	187
전체	동일	691 (103)	715 (84)	695 (74)
	통제	783 (102)	826 (107)	843 (118)
	전체	736 (118)	770 (112)	769 (135)
	점화량	93	112	147

주. 괄호 안은 표준편차

점화어가 표적어와 동일할 때가 상이할 때보다 표적어에 대한 반응이 빨랐다. 점화방식의 주효과는 항목분석에서만 유의미하였다 [F_1(2, 31)=.25, MSe=39529.22, p=.78; F_2(2, 209)=4.39, MSe=24047.87, p=.01]. 차폐점화, SOA 100ms, SOA 300ms 순으로 반응시간이 짧았다. 사후 검증의 결과, 차폐점화 조건과 SOA 300ms 조건사이의 차이만 유의하였다.

이원상호작용은 점화방식×점화언어는 유의하지 않았고[$F_1(4, 62)=1.14$, $MSe=4244.53$, $p = .34$; $F_2(4, 209)=.85$, $MSe=24047.87$, $p = .49$], 점화방식×표적관련성 상호작용은 유의하였고[$F_1(2, 31)=11.91$, $MSe=4969.65$, $p<.0005$; $F_2(2, 209)=28.62$, $MSe=5369.34$, $p<.0005$], 점화언어×표적관련성은 참여자분석에서 유의하였고 항목분석에서는 유의한 수준에 근접하였다[$F_1(2, 62)=5.86$, $MSe=2133.7$, $p<.005$; $F_2(2, 209)=2.44$, $MSe=5369.34$, $p=.08$]. 점화방식×점화언어×표적관련성의 3원상호작용은 항목분석에서 유의한 수준에 근접하였다[$F_1(4, 62)=1.19$, $MSe=2133.7$, $p=.32$; $F_2(4, 209)=2.21$, $MSe=5369.34$, $p=.06$]. 이후의 분석은 3원상호작용의 원인을 파악하는 데 집중하였다. 3원상호작용은 점화효과가 점화방식 및 점화언어에 따라서 다름을 가리키기 때문에, 우선 조건에 따른 점화효과를 계산하였다. 표 8에 조건별 점화량을 제시하였다. 표 8에서 알 수 있듯이 점화량은 전반적으로 큰 수치를 나타내었다. 가장 작은 것이 영어 차폐점화 조건의 27ms였는데, 이 수치만 통계적으로 유의하지 않았으며, 그 외의 점화량은 모두 통계적으로 유의하였다.

점화방식과 점화언어가 점화량에 미치는 영향을 분석하기 위하여, 점화량을 종속변인으로 하고 점화방식과 점화언어를 독립변인으로 하는 3×3 변량분석을 실시하였다. 분석 결과, 점화언어의 주효과는 참여자분석에서 유의미하였고 항목분석에서는 유의한 수준에 근접하였다[$F_1(2, 62)=5.86$, $MSe=4267.41$, $p < .005$; $F_2(2, 209)=2.44$, $MSe=10738.69$, $p=.08$]. 점화량은 점화 언어가 중국어일 때 가장 크

고, 이어서 조선어, 영어의 순이었다. 사후검증 결과, 중국어와 영어 사이의 차이만 유의하였다. 점화방식의 주효과도 유의미하였다[$F_1(2, 31)=11.91$, $MSe=9939.3$, $p < .0005$; $F_2(2, 209)=28.62$, $MSe=10738.69$, $p<.0005$]. 차폐점화, SOA 100ms, SOA 300ms의 순으로 점화량이 증가하였다. 사후검증 결과, 차폐점화 조건과 가시점화 조건 간의 차이는 유의하였지만, 가시점화 조건 간의 차이는 유의하지 않았다. 점화언어와 점화방식의 상호작용 효과는 항목분석에서 유의미한 수준에 근접한 것으로 나타났다[$F_1(4, 62)=1.19$, $MSe=4267.41$, $p=.32$; $F_2(4, 209)=2.21$, $MSe=10738.69$, $p=.06$].

실험 1, 2에서처럼 점화방식별로 점화언어의 점화량을 파악하기 위하여 단순효과를 분석하였다. 차폐점화 조건에서 영어의 점화량은 조선어나 중국어보다 적었다. 조선어와 중국어의 차이 9ms는 유의하지 않았다. SOA 100ms 조건에서 영어 점화량은 조선어와 유의한 차이를 나타내지 않았고, 중국어와의 차이는 유의하였다. 조선어와 중국어의 차이 62ms는 유의한 수준에 근접하였다. SOA 300ms 조건에서 언어 간 점화량의 차이는 어떤 것도 유의하지 않았다.

점화언어별로 점화방식에 따른 점화효과를 파악하기 위하여 단순효과를 분석하였다. 영어 점화어의 경우 차폐점화보다 SOA 100ms 가시점화에서 점화량이 64ms 증가하였으나 유의하지 않았다. 그러나 SOA 100ms 조건과 SOA 300ms 조건의 차이 69ms는 유의하였다. 조선어 점화어의 경우, 차폐점화는 가시점화 조건보다 점화량에서 유의한 차이를 나타내었다. 그러나 SOA 100ms 조건과 SOA 300ms

조건 사이의 점화량 차이 27ms는 유의하지 않았다. 중국어 점화어의 경우, 차폐점화는 가시점화와 점화량에서 유의한 차이를 나타내었다. 그러나 SOA 100ms 조건과 SOA 300ms 조건의 점화량 차이는 유의하지 않았다.

본 실험에서도 통제조건의 반응시간이 점화언어에 따라서 일정하지 않았다. 전반적으로는 중국어 조건에서 반응시간이 길고 그 다음이 조선어, 영어의 순이었다. 이런 경향이 통계적으로 의미가 있는지 알기 위하여 통제조건만을 분리하여 분석을 실시하였다. 차폐점화에서는 언어에 따른 차이가 유의하지 않았다[$F_1(2, 62)=.6$, $MSe=3975.97$, $p = .55$; $F_2(2, 211)=.27$, $MSe=15623.29$, $p = .76$]. SOA 100ms 조건에서 언어의 효과는 유의하였다[$F_1(2, 62)=5.78$, $MSe=3975.97$, $p=.005$; $F_2(2, 211)=3.55$, $MSe=15623.29$, $p=.03$]. 사후 검증 결과, 영어 점화어는 조선어와 중국어보다 유의하게 짧은 반응시간을 나타내었다. 조선어와 중국어 간의 차이는 유의하지 않았다. SOA 300ms 조건에서는 점화언어의 효과가 참여자분석에서 유의하였다[$F_1(2, 62)=3.42$, $MSe=3975.97$, $p = .03$; $F_2(2, 211)=.48$, $MSe=15623.29$, $p=.61$]. 사후 검증 결과, 영어 조건에서의 반응시간은 조선어와 중국어보다 유의하게 짧았다. 조선어와 중국어의 차이는 유의하지 않았다. 요약하면 점화어가 표적어와 동일한 영어일 때 반응시간이 가장 짧았고 조선어와 중국어일 때는 반응시간이 길어졌다. 이런 경향은 긴 SOA에서 두드러졌다.

5.2.2 오반응률 분석

변량분석 결과, 점화언어의 주효과가 유의하였다[$F_1(2, 62)=8.33$, $MSe=1.82$, $p=.001$; $F_2(2, 209)=7.31$, $MSe=2.16$, $p=.001$]. 영어 점화어의 오반응률은 조선어보다 유의하게 낮았고, 중국어보다 낮았지만 차이는 유의하지 않았다. 조선어는 중국어보다 높았으며 그 차이는 유의하였다. 표적관련성의 주효과는 유의하였으며[$F_1(1, 31)=76.87$, $MSe=3.61$, $p<.0005$; $F_2(1, 209)=223.74$, $MSe=1.14$, $p<.0005$], 동일조건이 통제조건보다 낮았다. 점화방식의 주효과는 항목분석에서 유의한 수준에 근접하였다[$F_1(2, 31)=.69$, $MSe=4.31$, $p=.5$; $F_2(2, 209)=2.89$, $MSe=2.16$, $p=.05$]. 상호작용은 점화방식×점화언어이 항목분석에서 유의한 수준에 근접하였고[$F_1(4, 62)=1.08$, $MSe=1.82$, $p=.37$; $F_2(4, 209)=2.21$, $MSe=2.16$, $p=.06$], 점화방식×표적관련성은 항목분석에서 유의하였고[$F_1(2, 31)=2.33$, $MSe=3.61$, $p=.11$; $F_2(2, 209)=22.26$, $MSe=1.14$, $p<.0005$], 점화언어×표적관련성은 두 분석에서 모두 유의하였다[$F_1(2, 62)=4.93$, $MSe=3.37$, $p=.01$; $F_2(2, 209)=14.72$, $MSe=1.14$, $p<.0005$]. 점화방식×점화언어×표적관련성의 3원 상호작용은 항목분석에서 유의하였다[$F_1(4, 62)=.29$, $MSe=3.37$, $p=.88$; $F_2(4, 209)=3.64$, $MSe=1.14$, $p=.007$]. 3원 상호작용을 분석하기 위해서 우선 조건에 따른 점화량을 계산하였다. 표 9에 조건별 점화량을 제시하였다. 점화량은 대부분 유의하였으나, 차폐점화 조건의 영어 점화량 .55%만 통계적으로 유의하지 않았다.

표 9. 점화언어와 점화방식에 따른 어휘판단 오반응률 (%).
(표적언어: 영어)

점화방식	표적관련성	점화언어		
		영어	조선어	중국어
차폐점화	동일	2.45 (1.64)	2.27 (1.49)	1.36 (1.12)
	통제	3.00 (1.34)	4.82 (2.27)	3.09 (1.45)
	전체	2.73 (1.55)	3.55 (2.17)	2.23 (1.58)
	점화량	0.55	2.55	1.73
SOA100	동일	1.92 (1.66)	1.77 (1.54)	1.23 (1.09)
	통제	3.46 (1.81)	5.31 (2.21)	5.08 (2.63)
	전체	2.69 (1.87)	3.54 (2.59)	3.15 (2.97)
	점화량	1.54	3.54	3.85
SOA300	동일	1.50 (1.08)	1.60 (1.51)	1.40 (1.08)
	통제	3.10 (2.33)	4.90 (2.08)	3.90 (1.85)
	전체	2.30 (2.24)	3.25 (2.26)	2.65 (1.89)
	점화량	1.60	3.30	2.50
전체	동일	1.97 (1.51)	1.88 (1.49)	1.32 (1.07)
	통제	3.21 (1.81)	5.03 (2.14)	4.09 (2.19)
	전체	2.59 (1.88)	3.45 (2.32)	2.71 (2.29)
	점화량	1.23	3.13	2.69

주. 괄호 안은 표준편차

점화방식과 점화언어가 점화량에 미치는 영향을 분석하기 위하여, 점화량을 종속변인으로 하고 점화방식과 점화언어를 독립변인으로 하는 3×3 변량분석을 실시하였다. 분석 결과, 점화언어의 주효과가 유의하였다[$F_1(2, 62)=4.93$, $MSe=6.75$, $p < .01$; $F_2(2, 209)=14.72$, $MSe=2.28$, $p < .0005$]. 점화량은 점화언어가 조선어일 때 가장 크고, 이어서 중국어, 영어 순이었다. 사후검증 결과, 영어 점화어 조건은

오반응률이 조선어보다 1.90% 적었으며 그 차이는 유의하였고, 중국어보다 1.46% 적었으나 차이는 유의한 수준에 근접하였다. 조선어는 중국어보다 .44% 많았지만 차이는 유의하지 않았다. 점화방식의 주효과는 항목분석에서 유의하였다[$F_1(2, 31)=2.33$, $MSe=7.23$, $p = .11$; $F_2(2, 209)=22.26$, $MSe=2.28$, $p<.0005$]. 차폐점화 조건은 가시점화 조건보다 낮았으며 차이는 유의하였다. 가시점화 조건 SOA 100ms는 SOA 300ms보다 높았지만 차이는 유의하지 않았다.

점화언어와 점화방식의 상호작용 효과는 항목분석에서 유의한 것으로 나타났다[$F_1(2, 31)=.56$, $MSe=5.79$, $p = .57$; $F_2(2, 209)=3.64$, $MSe=2.28$, $p<.01$]. 단순효과분석을 실시한 결과, 점화방식에 따라서 점화언어의 효과가 다른 것이 드러났다. 세 가지 점화방식 조건에서 모두 점화량은 조선어에서 가장 크고 이어서 중국어, 영어의 순이었다. 구체적으로 차폐점화 조건에서 점화언어 효과가 있었다[$F_2(2, 73)=6.53$, $MSe=2.14$, $p<.005$]. 사후검증 결과, 영어 점화어 조건은 조선어, 중국어보다 점화량이 적었고 차이는 유의하였다. 조선어와 중국어 간의 차이는 유의하지 않았다. SOA 100ms 조건에서도 점화언어의 효과가 있었다[$F_2(2, 71)=6.45$, $MSe=2.81$, $p<.005$]. 영어와 조선어, 조선어와 중국어 간의 차이는 유의하지 않았지만 영어와 중국어 간의 차이는 유의하였다. SOA 300ms 조건에서도 점화언어의 효과가 유의하였다[$F_2(2, 65)=9.26$, $MSe=1.87$, $p<.0005$]. 영어는 조선어보다, 중국어는 조선어보다 점화량이 작았으며 차이는 유의하였다. 영어와 중국어 간의 차이는 유의하지 않았다.

점화언어별로 단순 효과 분석을 실시한 결과, 영어 점화어 조건에서 점화방식의 효과가 유의하였다[$F_2(2, 211)=8.13$, $MSe=2.59$, $p < .0005$]. 차폐점화 조건은 가시점화 조건보다 점화량이 적었고 차이는 유의하였으며, SOA 100ms 가시점화는 SOA 300ms 가시점화와 차이가 유의하지 않았다. 조선어에서도 점화방식의 효과는 유의하였다 [$F_2(2, 211)=5.27$, $MSe=2.59$, $p < .005$]. 가시점화 조건 간, 차폐점화와 SOA 100ms 가시점화 간의 차이는 유의하지 않았다. 차폐점화는 SOA 300ms보다 점화량이 적었으며 차이는 유의하였다. 중국어에서도 점화방식의 효과는 유의하였다[$F_2(2, 211)=11.78$, $MSe=2.59$, $p < .0005$]. 차폐점화는 가시점화보다 점화량이 적었다. 그러나 SOA 100ms 조건과 차이는 유의하였지만 SOA 300ms 조건과는 차이가 유의하지 않았다. SOA 100ms 조건에서는 SOA 300ms보다 점화량이 많았고 차이는 유의하였다.

반응시간과 마찬가지로 통제조건의 오반응률은 일정하지 않았다. 전반적으로는 조선어 조건에서 오반응률이 높고 그 다음이 중국어, 영어의 순이었다. 이런 경향이 통계적으로 의미가 있는지 알기 위하여 통제조건만을 분리하여 분석을 실시하였다. 차폐점화 조건에서 점화언어에 따른 차이가 유의미하였다[$F_1(2, 62)=3.5$, $MSe=3.3$, $p=.03$; $F_2(2, 211)=4.32$, $MSe=2.61$, $p=.01$]. 영어 점화어의 오반응률은 조선어보다 1.82% 낮았고 이 차이는 유의한 수준에 이르렀다. 영어는 역시 중국어보다 .09% 낮았으나 차이가 유의하지 않았다. 조선어는 중국어보다 1.73% 높았고 이 차이는 유의한 수준에 근접하였다.

SOA 100ms 조건에서도 점화언어의 효과가 유의하였다[$F_1(2, 62)=3.99$, $MSe=3.3$, $p=.02$; $F_2(2, 211)=4.1$, $MSe=2.61$, $p=.01$]. 영어 점화어의 오반응률은 조선어, 중국어보다 각각 1.85%, 1.62% 낮았고 그 차이는 유의하였다. 조선어는 중국어보다 .23% 높았고 차이는 유의하지 않았다. SOA 300ms 조건에서 점화언어의 차이가 유의미하게 나타났다[$F_1(2, 62)=2.47$, $MSe=3.3$, $p=.09$; $F_2(2, 211)=7.67$, $MSe=2.61$, $p=.001$]. 사후 검증 결과, 영어는 조선어보다 1.8% 낮았고 차이는 유의한 수준에 이르렀다. 영어는 중국어보다 .8% 낮았고, 조선어는 중국어보다 1% 높았으며 이 차이들은 유의한 수준에 근접하였다.

실험 3의 반응시간 및 오반응률의 분석결과를 종합하면 다음과 같다. 영어 표적어에 대한 반응시간은 실험 1과 실험 2의 조선어, 중국어 표적어보다 길었으며, 오반응률은 높았다. 이것은 영어가 조선어, 중국어보다 숙달정도가 낮기 때문이며, 처리에 상당한 시간이 요구됨을 보여준다.

차폐점화 조건에서 영어의 언어 내 점화효과는 없고, 언어 간 점화효과가 나타난 것은 표적언어가 조선어, 중국어일 때와 상반된다. 표적언어가 조선어와 중국어인 경우 언어 내 점화효과가 언어 간보다 모두 컸으나, 영어인 경우 오히려 언어 간 점화효과가 언어 내보다 크게 나온 것이다. 이런 결과는 세 언어의 숙달정도를 반영하며, 영어의 활성화가 느리기에 차폐점화에서 언어 내 점화효과가 없었고, 반면에 조선어와 중국어는 숙달된 언어로서 처리가 빨라 언어 간 점화효과가 나타난 것으로 해석된다.

SOA 100ms 조건에서 언어 내와 언어 간 점화효과가 모두 나타난 것은 차폐점화 조건에서의 논의와 부합된다. 이 조건에서 언어 내 점화량과 언어 간 점화량이 모두 증가하였으나 언어 내 증가폭은 언어 간보다는 작았다. 조선어의 점화효과와 점화량의 증가폭이 실험 1의 동일조건에서 영어 점화어보다 훨씬 큰 것은, 조선어에서 영어로의 촉진적 효과가 영어에서 조선어로의 촉진적 효과보다 강함을 시사한다. 마찬가지로, 중국어의 점화효과와 점화량의 증가폭이 조선어보다 더 크고 실험 2의 동일조건에서 영어 점화어보다 훨씬 더 큰 것도, 중국어에서 영어로의 촉진적 효과가 영어에서 중국어로의 촉진적 효과보다 더 강하고 또한 조선어보다 연결이 더 강함을 시사한다. 언어 간 점화에서 이런 차이는 어휘시스템의 연결이 비대칭적임을 다시 확인시켜준다.

SOA 300ms 조건에서 SOA 100ms 조건과 같이 언어 내와 언어 간 점화효과가 모두 나타났지만 점화량의 증가에서는 차이가 있었다. 영어, 조선어 점화어는 지속적으로 점화량이 증가하였지만, 중국어는 점화량의 증가가 없었다. 이것은 실험 2의 동일조건에서 중국어 점화어의 결과와 대응된다. 이 결과들은 중국어의 처리가 신속함을 보여준다. 중국어에서 영어로의 접속은 조선어에서 영어로의 접속보다 더 빠르기 때문에 조기에 점화효과와 점화량의 증가폭이 크게 나타나고, 조선어에서 영어로의 접속은 상대적으로 느리기 때문에 전자보다 점화효과가 지속적으로 나타난 것으로 보인다.

제6장 종합논의

본 연구에서는 세 개의 실험을 통하여 조선어-중국어-영어 삼중언어자의 단어재인을 탐색하였다. 이중언어자와 삼중언어자는 단어의 표상과 처리과정에서 대동소이한지 아니면 본질적인 차이가 있는지는 언어심리학적으로 흥미로운 주제이다. 그럼에도 불구하고 선행연구들은 대부분 이중언어만 다루었으며 삼중언어 연구는 매우 적다. 삼중언어 처리에 대한 합의가 부족한 상황에서 본 연구는 (다른 삼중언어 연구자들을 따라서) 이중언어 연구방법과 이론적 모형에 기초하여 언어표상과 처리과정을 탐색하였다. 우선은, 이중언어자의 어휘 표상과 의미 표상이 구분되어 있고, 어휘 표상은 언어 간에 서로 독립적이고 의미 표상은 언어 간에 공유되고 있다는 가정을 수용하였다.

본 연구에서는 조선어-중국어-영어 삼중언어자의 L1(조선어), L2(중국어), L3(영어)를 각각 점화언어와 표적언어로 하는 세 개의 실험을 실시하여 삼중언어자의 어휘 처리를 관찰하였다. 실험 1, 2, 3에서 점화언어와 표적언어의 언어관계에 따른 점화효과를 점화어 제시방식에 따라 정리하여 표 10에 제시하였다. 차폐점화 조건의 영어-영어, 영어-조선어, 영어-중국어와 SOA 100ms 조건의 영어-조선어

표 10. 점화언어 유형과 자극개시간격에 따른 점화효과 (ms).

SOA	점화언어-표적언어								
	조-조 (L1-L1)	조-중 (L1-L2)	조-영 (L1-L3)	중-중 (L2-L2)	중-조 (L2-L1)	중-영 (L2-L3)	영-영 (L3-L3)	영-조 (L3-L1)	영-중 (L3-L2)
차폐점화	51	37	56	60	35	65	27	-6	0
SOA100	85	56	126	113	104	188	91	7	32
SOA300	126	102	153	108	157	187	160	54	49

주. 조-조선어(L1); 중-중국어(L2); 영-영어(L3)

처리에서 점화효과가 나타나지 않은 것을 제외하고 기타 조건별 점화효과는 모두 나타났다.

세 개의 실험에서 얻어진 결과들을 요약하면 아래와 같다. 우선, 조선어 단어를 표적으로 한 실험 1의 경우, 차폐점화 조건에서 언어 내 점화효과가 유의하였고, 언어 간 점화효과는 중국어 단어의 경우에만 유의하고 영어 단어의 경우에는 유의하지 않았다. 차폐점화 조건에서는 점화어에 대한 의식적 자각은 불가능하고 방략적 처리도 가능하지 않다. 따라서 차폐점화의 효과는 의미처리를 반영하기보다 어휘처리를 우선적으로 반영하는 것으로 생각되며, 어휘수준에서 중국어의 활성화는 조선어로 전파되었음을 시사한다. SOA 100ms 조건에서는 중국어 점화어의 효과가 조선어 점화어의 효과보다 컸는데, 이는 중국어가 조선어보다 의미수준의 마디들을 보다 광범위하게 활성화하기 때문이라고 생각된다. SOA 300ms 조건에서도 중국어 단어의 점화효과가 조선어 단어의 점화효과보다 크게 나타났다. 이것은 조선어 단어의 처리가 중국어에 비해 더 많은 시간을 필요로 함을 시사한다. 이런 결과는 중국어와 조선어는 어휘수준뿐만 아니라 의미수준에서도 강하게 연결되어 있음을 지지한다. 영어 점화어의 효과가 SOA 300ms 조건에서만 나타난 것은 영어의 처리가 상대적으로 느린 것을 반영하며, 어휘처리와 의미처리 중 어떤 것의 영향인지 판단하기 어렵다. 실험 1의 조선어를 표적어로 한 점화 실험 결과에서 추론할 수 있는 것은, 중국어에서 조선어로의 어휘적 연결이 강하며, 중국어는 의미수준에 신속하게 강한 활성화를 일으킬 수 있지만, 영어는 조선어와의 어휘적 연결이 상대적으로 약하며 의미수준의 활성화를 일으키기 위해서 오랜 시간이 필요하다는 것이다.

실험 2는 중국어 단어를 표적으로 사용하였다. 우선, 차폐점화 조건에서 조선어 점화어의 효과가 유의하였는데 이것은 조선어에서 중국어로의 어휘수준의 연결이 강력함을 시사한다. 반면에 영어 단어의 점화효과가 나타나지 않은 것은 실험 1에서처럼 어휘수준에서의 활성화가 충분하지 못했음을 시사하며, 그 이유는 영어에 대한 숙달도가 낮았기 때문이다. SOA 100ms 가시점화 조건에서 영어의 점화효과가 관찰되었는데, 이것은 실험 1의 SOA 100ms 조건에서 조선어 표적에 대한 영어 점화어의 효과가 유의하지 않은 것과 비교된다. 이 효과는 어휘수준 활성화를 통한 것이라고 추론된다. 영어가 조선어보다 중국어 어휘와 강한 연결을 하기 때문인데, 이는 중국 조선족들이 학교에서 중국어를 통해서 영어를 배우는 상황을 고려하면 이해될 수 있다.

실험 3은 영어 표적어에 대한 점화효과를 조사하였다. 실험 1, 2

와 비교하여 표적어에 대한 반응시간이 길어졌다. 이것은 영어의 숙달정도가 낮기 때문에 조선어, 중국어보다 활성화하는 데 시간이 오래 걸리기 때문이다. 언어 내 점화효과가 차폐점화에서 없었지만 SOA 100ms에서부터 나타나고, 언어 간 점화효과는 차폐점화에서도 나타난 것은 영어가 조선어, 중국어에 비해 처리가 늦다는 것을 설명해주고 있다. 또한 조선어와 중국어는 어휘수준뿐만 아니라 의미수준에서 영어와 강한 연결을 가지고 있으며, 신속한 활성화를 일으킬 수 있기에 언어 간 점화효과가 시종 나타난 것으로 생각된다.

기존의 모형들은 본 연구의 결과를 설명하는 데 있어서 한계를 드러낸다. Kroll과 Stewart(1994)의 RHM은 이중언어자의 두 가지 언어는 어휘와 의미 표상이 모두 직접 연결되어 있지만 연결 강도가 비대칭적이라고 설명한다. 이런 설명은 이중언어 연구결과에는 적절한 것 같지만, 삼중언어자를 다룬 본 연구의 일부 결과들을 해석하기에는 어려움이 있어 보인다. 특히 영어 점화어의 효과는 이 모형의 예측과는 반대로 나왔다. 중국 조선족 삼중언어자에게 영어는 약세 언어이다. RHM은 약세 언어에서 강세 언어로의 강한 연결을 특징으로 한다. 즉 약세언어는 강세언어에 의존하여 처리된다는 주장이다. 그러나 본 연구의 차폐점화 조건에서 영어 점화어 효과가 나타나지 않은 것은 이 모형으로는 해석이 어렵다. 또한 L2의 점화효과가 L1을 능가하고, 언어 내 점화가 언어 간 점화보다 약한 것도 해석이 어렵다. 반면에 BIA+ 모형과 의미분포 비대칭 공유 모형은 RHM이 설명하지 못하는 본 연구의 결과들을 설명할 수 있다. 아마도 이 두 모형과 RHM을 결합하면 점화효과들을 정확히 예측할 수 있을 것이다. 다중언어 처리에서 현재 공인하는 이론 모형이 없는 상황에서, 이중언어 처리 이론 모형들은 상호 배타적이 아니라 서로 보충하고 결합되어야 할 것이다.

삼중언어 처리를 설명하기 위해 본 연구자에 의해 개정된 RHM은 그림 4와 같다. 이 모형 역시 어휘수준과 의미수준으로 나누고, 어휘수준은 언어 간 서로 독립되고 의미수준은 서로 공유되고 있다. 본 연구의 결과들을 설명하기 위해 다음과 같이 가정한다. 첫째, 어휘판단 반응은 어휘수준의 활성화에 의해 결정된다. 어휘수준의 활성화는 어휘 입력, 다른 언어로부터의 활성화 전파, 의미수준의 피드백 등의 합이다. 둘째, 초기처리는 어휘 입력부분에 의해 일어나며, 차폐 점화효과는 주로 초기처리를 반영한다. SOA가 길어짐에 따라 의미수준 활성화 및 그에 따른 피드백 효과가 나타난다.

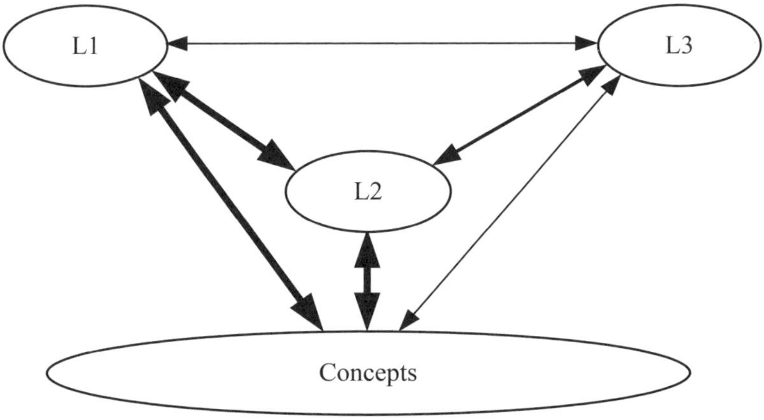

그림 4. 조선어-중국어-영어 삼중언어자의 '개정된 RHM'

이 모형은 본 연구 결과들의 상당부분을 설명할 수 있다. 우선, 모어인 조선어의 어휘처리는 L1에서 이루어진다. 제1언어이고 모어이기 때문에 L1에서의 처리는 신속하게 일어난다. 실험 1의 차폐점화 조건의 언어 내 점화효과는 이것을 반영한다. L1에서의 활성화는 L2와 L3로 전파된다. 실험 2와 실험 3의 차폐점화 조건에서 조선어 점화어의 점화효과가 그것을 지지한다. 그러나 L1의 처리는 의미수준에서도 일어나며 여기에는 시간이 필요하다. 실험 1의 언어 내 점화효과와 실험 2, 3의 언어 간 점화효과를 보면 L1 점화어의 효과는 SOA 300ms까지 계속 증가한다. 이는 SOA 300ms에서도 조선어의 처리가 지속됨을 시사한다. 이것은 L2인 중국어와 대비된다. L2의 언어 내 점화효과는 SOA 100ms에서 천정에 도달하며(실험 2), 언어 간 점화효과도 마찬가지다(실험 3). 아마도 중국어는 어휘수준 처리뿐 아니라 의미수준 처리도 신속하게 이루어지는 것 같다. L2의 어휘처리는 L1과 L3에 전파되며 실험 1과 실험 3의 차폐점화 조건에서처럼 유의한 언어 간 점화효과를 산출한다. 또한 L2의 의미 처리의 효과도 L1와 L3에 피드백 될 수 있다. 실험 1과 실험 3의 가시점화 조건에서의 언어 간 점화효과가 그것을 지지한다.

제3언어인 영어의 어휘수준 처리는 매우 느리다. 실험 3을 보면 영어 표적어에 대한 반응시간이 긴 것은 실험 1과 실험 2의 조선어, 중국어 표적어의 반응시간과 대비된다. 영어 표적어의 처리가 느린 것은 일차적으로 영어에 대한 미숙함 때문이다. 따라서 어휘수준 처리를 위해서 상당한 시간이 필요하다. SOA가 증가함에 따라 영어의 언어 내 및 언어 간 점화효과가 증가한 것이 그 증거다. 영어는 미숙한 언어이기 때문에 의미 처리를 통한 언어 간 점화는 기대하기 어렵다. 영어에 의한 언어 간 점화는 거의 어휘수준에서 일어난 것으로 간주할 수 있다. 다만 중국어 표적어에 대한 효과(실험 2)가 조선어 표적어에 대한 효과(실험 1)보다 빨라진 것은, L3에서 L2로의 연결이 L3에서 L1으로의 연결보다 강했기 때문으로 해석된다. L3-L2 연결이 강한 것은 영어가 중국어를 매개로 습득되기 때문으로 생각된다.

본 연구의 주목할 만한 결과 중 하나는, L2인 중국어의 의미 처리가 L1인 조선어의 의미 처리보다 우월한 것으로 나타나고, 점화효과의 크기로 보면 활성화되는 시간이 조선어보다 더 빠르게 나타났다는 것이다. 실험참가자들의 중국어 학습시간, 학습경로, 숙련정도 등 요인들을 보면 중국어가 분명히 L2임에도 불구하고 오히려 L1의 특징을 보여준다. 이런 현상은 RHM과 일치하지 않는다. 중국어 사용 환경이 주요한 변인으로 작용하여 L1과 L2가 역전된 것인지 아니면 조선어 교육과 사용 환경의 제한 등이 원인인지는 앞으로의 연구가 필요해 보인다. 아울러 다중언어 연구자들이 현재 사용하고 있는 모어, 제1언어, 제2언어 등의 정의에 대해서 검토가 필요하다. 모어는 항상 제1언어인가? 제1언어는 고정적인가? 언어의 사용에 따라 제1언어의 지위는 달라질 수 있는가? 등 다중언어 연구자들이 대답해야 할 중요한 문제들이다.

조선족 삼중언어자의 특별한 환경 중 하나는 언어마다 서로 다른 문자가 사용된다는 것이다. 이것은 유럽처럼 로마자를 바탕으로 하는 다중언어자들과 상이한 점이다. 문자와 표기체계가 독서에서 중요한 역할을 하는 것은 잘 알려져있지만, 문자는 그 이상으로 언어처리에 관여한다. 최근의 연구들은 음성언어의 이해가 표기 지식에 의해서 영향받음을 보여준다(Taft, 2011). 본 연구의 결과 중 문자와 관련된 것은 통제조건의 반응에서 나타났다. 본 연구의 언어 간 점화 조건은 실상은 문자 간 점화 조건이라고도 할 수 있다. 예를 들어서, 중국어 점화어-조선어 표적어 조건은 한자 점화어-한글 표적어이기도 하다. 한 언어에서 다른 언어로의 전환이 필요한 만큼이나 한 표기체계에서 다른 표기체계로의 전환이 요구된다. 본 연구의 결과는 한글에서 한자로의 전환, 그리고 한자에서 한글로의 전환이 인지적으로 상당한 부담을 주는 것을 보여준다. 또한 실험 3에서는 한글이나 한자에서 영문자로의 전환도 처리부담을 가중시키는 결과를 보여주었다. 앞으로의 다중언어연구에서는 언어의 유사성 이외에 표기체계의 유사성에 대한 고려가 필요하다.

본 연구의 결과는 중국 조선족 대학생들의 다중언어지식을 이해하는 데 필요한 정보를 제공한다. 비록 중국의 조선족 대학생들이 영어 학습을 시작하는 시기와 중국어 학습을 시작하는 시기가 유사하지만, 실제로는 영어는 사용 환경, 숙련정도 등에서 중국어와 큰 차이가 나는, 숙달되지 못한 약세 언어이다. 또 영어는 중국어를 매개로 학습된다. 중국어와 영어 두 언어의 관계는 불균형적이다. 상대적으로 중국어와 조선어의 관계는 균형적이고 대등하다. RHM에서는 L2에 숙달되면 직접적 의미처리가 가능해지며 L1을 통한 처리에 의존하지 않는다고 주장한다. 본 연구의 결과는 기본적으로 이런 주장을 지지하지만 L2의 과다 학습에 대한 주의를 요청한다. 조선족 삼중언어자에게 중국어는 단순한 L2가 아님을 본 연구 결과가 보여주기 때문이다.

마지막으로 본 연구의 의의를 서술하면, 무엇보다도 중국 조선족 삼중언어자의 언어지식과 언어처리를 처음으로 다루었다는 것이다. 기존에는 이중언어의 관점에서 삼중언어자를 다룬 연구들이 많았다. 그러나 이런 접근법은 점점 비판을 받고 있다. 삼중언어자의 정보처리는 이중언어자의 그것과는 다르기 때문이다. 두 개의 언어에 하나의 언어가 추가되면 기존의 두 개의 언어 사이의 관계도 변화하기 때문이다. 또한 조선족 삼중언어자의 어휘체계의 구조와 그 처리과정을 탐색한 본 연구의 결과는 중국 조선족의 다언어 교육 방향에 대해서도 많은 시사점이 있다. 다언어, 다문화, 세계화의 시대에 언어와 문화가 상호 작용하는 과정을 이해하고, 이런 환경에서 가장 효율적인 소통의 방식은 무엇인지, 어떤 방식으로 언어환경과 학습환경을 설계할 것인지 하는 것은 매우 중요한 문제이기 때문이다. 본 연구는 이런 문제들에 대한 과학적 접근의 하나의 사례로서의 의의를 가진다.

참고문헌

김미라, 정찬섭 (1998). 이중언어자의 위계 모형 검증: 암묵기억과제와 외현기억과제의 효과. 인지과학, 9, 47-60.

신승식, 염은영, 정찬섭 (1996). 한국어-영어 이중언어자의 영어산출 구조분석. 한글 및 한국어 정보처리학술대회 논문집, 128-141.

염은영 (1997). 한국어-영어 이중언어 체계의 구조 및 기능분화. 연세대학교 박사학위논문.

염은영, 신승식, 정찬섭 (1997). 한국어-영어 이중언어 구조 및 처리 과정의 탐색. 실험 및 인지심리학회 겨울연구회 논문집, 211-228.

요시모토 하지메 (2008). 일본 다문화·다언어 사회의 정책과 논의. 새국어생활, 18(1), 87-103.

윤효운, 조경덕 (2004). 기능 자기공명 영상법으로 알아본 한글 단어에 대한 시각적 처리의 특성. 한국심리학회지: 실험, 16(3), 353-364.

이광오 (준비중). 한국어 심리학.

이승복, 연은경, 윤효운 (2004). 한국어-영어 이중언어 문장 의미처리의 신경적 기초: 기능적 자기공명 영상 연구. 한국심리학회지:

실험, 16(3), 61-75.

이승복, 연은경, 이다미, 정관진 (2002). 통사처리과정에서 한국어-영어 이중언어자의 뇌 활성화. 한국뇌과학지, 2(2), 147-153.

이창환, 강봉경 (2004). 한국인의 영어처리의 기제: 모국어 처리와의 상호작용을 중심으로. 인지과학, 15(2), 43-53.

崔占玲 , 張積家 (2009a). 藏-漢-英三語者詞匯与語義表征研究. 心理科學, 32, 559-562.

崔占玲, 張積家 (2009b). 藏-漢-英三語者語言聯系模式探討. 心理學報, 41, 208-219.

郭桃梅, 彭聃齡 (2003a). 非熟練中-英双語者的第二語言的語義通達机制. 心理學報, 35, 23-28.

郭桃梅, 彭聃齡 (2003b). 初中和高中生英語語義通達机制的比較. 心理發展与教育, 2, 14-17.

鹿士義, 吳洁 (2003). 双語學習者短時記憶編碼方式的實驗研究. 暨南大學華文學院學報, 2, 6-11.

熱比古麗·白克力 , 雷志明 , 聞素霞 (2011). 維吾爾族三語者的非熟練第三語言的概念表征特征. 心理學探新, 31, 150-153.

熱比古麗·白克力 (2011). 維吾爾族三語者的第二及第三語言的知識表征的實驗研究. 碩士學位論文 , 新疆師范大學.

Altarriba, J., & Mathis, K. M. (1997). Conceptual and lexical development in second-language acquisition. *Journal of Memory and Language, 36*, 550-568.

Aronin, L., & Laoire, O. M. (2004). Exploring multilingualism in cultural contexts: towards a notion of multilinguality. In C. Homann & J. Ytsma (Eds.). *Trilingualism, family and community* (pp. 11-29). Clevedon: Multilingual Matters.

Beauvillain, C., & Grainger, J. (1987). Accessing interlexical homographs: Some limitation of a language-selective access. *Journal of Memory and Language, 26*, 658-672.

Cenoz, J. (2001). The effect of linguistic distance, L2 status and age on cross linguistic influence in third language acquisition. In J. Cenoz, B. Hufeisen, & U. Jessner (Eds.). *Cross-linguistic influence in third language acquisition: Psycholinguistic perspectives* (pp. 8-20). Clevedon: Multilingual Matters.

Cenoz, J., & Genesee, F. (Eds.). (1998). *Beyond bilingualism: Multilingualism and muitilingual education.* Clevedon: Multilingual Matters.

Cenoz, J., Hufeisen, B., & Jessner. U. (Eds). (2000). *Cross-linguistic influence in third language acquisition: Psycholinguistic perspectives.* Cleveland: Multilingual Matters.

Cenoz, J., Hufeisen, B., & Jessner, U. (Eds.). (2001). *Looking beyond second language acquisition: Studies in tri- and muitilingualism.* Tubingen: Stautenburg.

Chen, H. C. (1989). Semantic facilitation and translation priming effect in Chinese-English bilinguals. *Memory and Cognition, 17*, 454-462.

Chen, H. C., & Ho, C. (1986). Development of Stroop interference in Chinese-English bilinguals. *Journal of Experimental Psychology: Learning, Memory, and Cognition, 12*, 397-401.

Choi, J., Broersma, M., & Cutler, A. (in press). Enhanced processing of a lost language: Linguistic knowledge or linguistic skill? *In Proceedings of Interspeech 2015.*

Costa, A., & Mikel, S. (2004). Lexical access in bilingual speech production: Evidence from language switching in highly proficient bilinguals and L2 learners. *Journal of Memory and Language, 50*, 491-511.

Costa, A., Miozzo, M., & Caramazza, A. (1999). Lexical selection in bilinguals: Do words in the bilingual's two lexicons compete for selection? *Journal of Memory and Language, 41*, 365-397.

Costa, A., Santesteban, M., & Ivanova, I. (2006). How do highly proficient bilinguals control their lexicalization process: Inhibitory and language-specific selection mechanisms are both functional. *Journal of Experimental Psychology: Learning, Memory, and Cognition, 32*(5), 1057-1074.

de Groot, A. M. B. (1992). Bilingual lexical representation: A closer look at conceptual representations. In A. R. Frost & L. Katz (Eds.). *Orthography, phonology, morphology, and meaning.* Amsterdam: Elsevier.

de Groot, A. M. B. (1993). Word-type effects in bilingual processing tasks: Support for a mixed-representational system. In R. Schreuder & B. Weltens (Eds.). *The bilingual lexicon* (pp. 27-52). Amsterdam: John Benjamins.

de Groot, A. M. B., & Nas, G. L. J. (1991). Lexical representation of cognates and noncognates in compound bilinguals. *Journal of Memory and Language, 30*, 90-123.

Dijkstra, T., Grainger, J., & van Heuven, W. J. B. (1999). Recognizing cognates and inter-lingual homographs: The neglected role of phonology. *Journal of Memory & Language, 41*, 496-518.

Dijkstra, T., & van Heuven, W. J. B. (1998). The BIA model and bilingual word recognition. In J. Grainger & A. Jacobs (Eds.). *Localist connectionist approaches to human cognition* (pp. 189-225). Hillsdale, NJ: Erlbaurn.

Dijkstra, T., & van Heuven, W. J. B. (2002). The architecture of the bilingual word recognition system: From identification to decision. *Bilingualism: Language and Cognition, 5*, 175-197.

Doctor, E. A., & Klein, D. (1992). Phonological processing in bilingual word recognition. In R. J. Harris (Ed). *Cognitive processing in bilingualism*. North-Holland.

Dong, Y., Gui, S., & McWhinney, B. (2005). Shared and separate meanings in the bilingual mental lexicon. *Bilingualism:*

Language and Cognition, 8, 221-238.

Durgunoglu, A. Y., & Roedige, H. L. (1987). Test differences in accessing bilingual memory. *Journal of Memory and Language, 26*, 377-391.

Forster, K. I., & Davis, C. (1984). Repetition priming and frequency attenuation in lexical access. *Journal of Experimental Psychology: Learning, Memory, and Cognition, 10*, 680-698.

Gellatly, A., Parker, A., Blurton. A., & Woods, C. (1994). Word stem and word fragment completion following semantic activation and elaboration. *Journal of Experimental Psychology: Learning, Memory and Cognition, 20*, 1099-1107.

Grainger, J., & Beauvillain, C. (1987). Language blocking and lexical access in bilinguals. *Quarterly Journal of Experimental Psychology, 39A*, 295-319.

Grainger, J., & Beauvillain, C. (1988). Associative priming in bilinguals: Some limits of interlingual facilitation effects. *Canadian Journal of Psychology, 42*, 261-273.

Grainger, J., & Dijkstra, T. (1992). On the representation and use of language information. In R. J. Harris (Ed). *Cognitive processing in bilingualism*. North-Holland.

Green, D. W. (1998). Mental control of the bilingual lexico-semantic system. *Bilingualism: Language and Cognition, 1*, 67-81.

Harris, M., & Hatano, G. (Eds.). (1999). *Learning to read and write: A cross-linguistic perspective*. New York: Cambridge University Press.

Hammarberg, B. (2001). Roles of L1 and L2 in L3 production and acquisition. In J. Cenoz, B. Hufeisen, & U. Jessner (Eds.). *Cross-linguistic influence in third language acquisition: Psycholinguistic perspectives* (pp. 21-41). Clevedon: Multilingual Matters.

Haugen, E. (Ed.). (1956). *Bilingualism in the Americas.* Alabama: Alabama Dialect Society.

Herdina, P., & Jessner, U. (2000). The dynamics of third language acquisition. In J. Cenoz & U. Jessner (Eds.). *English in Europe: The acquisition of a third language* (pp. 84-98). Clevedon: Multilingual Matters.

Jessner, U. (1999). Metalinguistic awareness in multilinguals: Cognitive aspects of third language learning. *Language Awareness, 34*, 201-209.

Jin, Y. S. (1990). Effects of concreteness on cross-language priming in lexical decisions. *Perceptual and Motor Skills, 70*, 1139-1154.

Keatley, C. W., Spinks, J. A., & De Gelder, J. A. (1994). Asymmetrical cross-language priming effects. *Memory and Cognition, 22*, 70-84.

Kim, J., & Davis, C. (2003). Task effects in masked cross-script translation and phonological priming. *Journal of Memory and Language, 49*, 484-499.

Kirsner, K., Chadha, N. K., & Sharma, N. K. (1980). Bilingualism and lexical representation. *Quarterly Journal of Experimental Psychology, 32*, 585-594.

Kirsner, K., Smiths, M. C., Lockhart, R. S., & King, M. L. (1984). The bilingual lexicon: Language-specific units in an integrated network. *Journal of Verbal Learning and Verbal Behavior, 23*, 519-539.

Koda, K. (1998). The role of phonemic awareness in L2 reading. *Second Language Research, 14*, 194-215.

Kolers, P. A. (1963). Interlingual word associations. *Journal of Verbal Learning and Verbal Behavior, 2*, 291-300.

Kolers, P. A. (1966). Interlingual facilitation on short-term memory. *Journal of Verbal Learning and Verbal Behavior, 5*, 310-314.

Kroll, J. F., & Curley, J. (1988). Lexical memory in novice bilinguals: The role of concepts in retrieving second language words. In P. M. Gruneberg & R. Sykes (Eds.). *Practical aspects of memory, vol. 2,* (pp. 157-168). London: John Wiley & Sons.

Kroll, J. F., & de Groot, A. M. B. (1997). Lexical and conceptual memory in the bilingual: mapping form to meaning in two languages. In J. F. Kroll (Ed.). *Tutorials in bilingualism: Psycholinguistic perspectives* (pp. 169-199). New Jersey: Lawrence Erlbaum Associate.

Kroll, J. F., & Sholl, A. (1992). Lexical and conceptual memory in fluent and nonfluent bilinguals. In R. J. Harris (Ed.). *Cognitive processing in bilinguals*. Amsterdam: Elsevier.

Kroll, J. F., & Stewart, E. (1990). Concept mediation bilingual translation. *Paper presented at the 31st Annual Meeting of the Psychonomic Society*. New Orleans.

Kroll, J. F., & Stewart, E. (1994). Category interference in translation and picture naming: Evidence for asymmetric connections between bilingual memory representations. *Journal of Memory and language, 33*, 149-174.

Magiste, E. (1984). Stroop tasks and dichotic translation: The development of interference patterns in bilinguals. *Journal of Experimental Psychology: Learning, Memory and Cognition, 10*, 304-315.

Markus, B. (1998). Stroop interference in bilinguals: the role of similarity between the two languages. In A. F. Healy & L. E. Bourne (Eds.). *Foreign Language Learning*. NJ: Lawrence Erlbaum Associates.

Meuter, R. F. I., & Allport, A. (1999). Bilingual language switching in naming: Asymmetrical costs of language selection. *Journal of*

Memory and Language, 40, 25-40.

Michael, S. C., & Allport, T. A. (2000). Language switching costs in bilingual visual word recognition. *Journal of Memory and Language, 43*, 44-66.

Nam, K. C., Lee, D. H., Oh, H. K., Ryu, J. W., & Na, D. K. (2003). Cortical activation associated with comprehension and production of L1, L2, and L3 words in fMRI. *Abstracts in 2003 OHBM.*

Nas, G. (1983). Visual word recognition in bilinguals: Evidence of a co-operation between visual and sound based codes during access to a common lexical store. *Journal of Verbal Learning and Verbal Behavior, 22*, 526-534.

Orfanidou, E., & Sumner, P. (2005). Language switching and the effects of orthographic specificity and response repetition. *Memory and Cognition, 33*(2), 355-369.

Paivio, A., & Desrochers, A. (1980). A dual-coding approach to bilinguals memory. *Canadian Journal of Psychology, 34*(4), 388-399.

Partanen, E., Kujala, T., Näätänen, R., Liitola, A., Sambeth, A., Huotilainen, M. (2013). Learning-induced neural plasticity of speech processing before birth. *Proceedings of the National Academy of Sciences USA, 110*(37), 15145-15150.

Pierce, L. J., Klein, D., Chen, J.-k., Delcenserie, A., & Genesee, F.

(2014). Mapping the unconscious maintenance of a lost first language. *Proceedings of the National Academy of Sciences USA, 111*(48), 17314-17319.

Potter, M. C., So, K. F., Von Eckardt, B., & Feldman, L. B. (1984). Lexical and conceptual representation in beginning and proficient bilinguals. *Journal of Verbal Learning and Verbal Behavior, 23*, 23-38.

Schwanenflugel, P. J., & Rey, M. (1986). Interlingual semantic facilitation: Evidence for a common representational system in the bilingual. *Journal of Memory and Language, 25*, 605-618.

Sharwood, S. M. (Eds.). (1994). *Second language learning: Theoretical foundations*. London: Longman.

Snodgrass, J. G. (1984). Concepts and their surface representations. *Journal of Verbal Learning and Verbal Behavior, 23*, 3-22.

Taft, M. (2011). Orthographic influences when processing spoken pseudowords: Theoretical implications. *Frontiers in Psychology, 2*(140), doi: 10.3389/fpsyg.2011.00140.

Tremblay, & Marie Claude. (2006). Cross—linguistic influence in third language acquisition: The role of L2 proficiency and L2 exposure. *Cahiers Linguistiques d'Ottawa/Ottawa Papers in Linguistics, 34*, 109-119.

Tucker, G. R. (1999). A global respective on multilingualism and multilingual education. In J. Cenoz & F. Genesee (Eds.). *Beyond bilingualism: Multilingualism and multilingual education* (pp. 3-15). Clevedon: Multilingual Matters.

van Heuven, W. J. B., Dijkstra, A. F. J., & Grainger, J. (1998). Orthographic neighborhood effects in bilingual word recognition. *Journal of Memory and Language, 39*, 458-483.

Wang, M., Koda, K., & Perfetti, C. A. (2003). Alphabetic and nonalphabetic L1 effects in English word identification: A comparison of Korean and Chinese English L2 learners. *Cognition, 87*, 129-149.

Leung, Y.-k. I. (2007). Third language acquisition: Why it is interesting to generative linguists. *Second Language Research, 23*(1), 95-114.

Zhou, X., Marslen-Wilson, W., Taft, M., & Shu, H. (1999). Morphology, orthography, and phonology in reading Chinese compound words. *Language and Cognitive Processes, 14*, 524-565.

부록. 실험에 사용된 단어

영어	중국어	조선어	영어	중국어	조선어	영어	중국어	조선어
chair	椅子	의자	scientist	科学家	과학가	book	书	책
tomorrow	明天	래일	father	父亲	아버지	today	今天	오늘
neck	脖子	목	pig	猪	돼지	student	学生	학생
friend	朋友	친구	foot	脚	발	milk	牛奶	우유
city	城市	도시	summer	夏天	여름	bed	床	침대
desk	书桌	책상	phone	电话	전화	cat	猫	고양이
autumn	秋天	가을	king	国王	국왕	birthday	生日	생일
ear	耳朵	귀	plan	计划	계획	rose	玫瑰	장미
woman	女人	녀자	door	门	문	homework	作业	숙제
bread	面包	빵	animal	动物	동물	hospital	医院	병원
potato	土豆	감자	pencil	铅笔	연필	exam	考试	시험
heart	心脏	심장	key	钥匙	열쇠	flower	花	꽃
afternoon	下午	오후	word	单词	단어	parents	父母	부모
music	音乐	음악	onion	洋葱	양파	elephant	大象	코끼리
orange	橙子	귤	secret	秘密	비밀	gold	黄金	황금
singer	歌手	가수	winter	冬天	겨울	tiger	老虎	범
school	学校	학교	world	世界	세계	mother	母亲	어머니
bee	蜜蜂	꿀벌	half	一半	절반	colour	颜色	색갈
room	房间	방	monkey	猴子	원숭이	earth	地球	지구
arm	胳膊	팔	teacher	教师	교원	age	年龄	년령
man	男人	남자	nose	鼻子	코	wife	妻子	안해
sky	天空	하늘	name	名字	이름	address	地址	주소
ice	冰	얼음	airplane	飞机	비행기	oil	油	기름
face	脸	얼굴	hand	手	손	tooth	牙齿	이빨
pen	钢笔	만년필	egg	鸡蛋	닭알	classmate	同学	동학
police	警察	경찰	tree	树	나무	song	歌曲	노래
gift	礼物	선물	fish	鱼	물고기	daughter	女儿	딸
driver	司机	운전수	fruit	水果	과일	blood	血液	혈액
box	箱子	상자	rabbit	兔子	토끼	hero	英雄	영웅
happiness	幸福	행복	window	窗	창문	baseball	棒球	야구